希望、きこえる?

ルワンダのラジオに子どもの歌が流れた日

榮谷明子

汐文社《ちょうぶんしゃ》

もくじ

1　新しいラジオ番組

十二歳《さい》のダマシエン

ダマシエンは、アフリカ大陸《たいりく》の中央にあるルワンダという国に住んでいる男の子です。十二歳《さい》ですが、まだ学校に行ったことはありません。目が見えないので、小学校に通うのはむりだとまわりの大人に言われたからです。

「じゃ、お母さん、行ってきます！」

朝の涼《すず》しい風を頬《ほお》に感じながら、ダマシエンは今日もお友達《ともだち》と一緒《いっしょ》に水くみにでかけます。

家族みんなで使う水がたっぷり入るプラスチックの容器《ようき》を両手に、みんなでおしゃべりをしながら何キロも歩きます。いろいろな鳥のさえずりが木々の間から聞こえます。

「おい、知ってるか。ラジオで面白《おもしろ》い番組が始まったんだよ」

友達《ともだち》がダマシエンに教えてくれました。ダマシエンがラジオを聞くのが大好《だいす》きだと知っているからです。

「『イテテロ』っていう番組で、楽しい歌とかずる賢《がしこ》いウサギとか出てくるんだ。もうすぐ始まるからみんなで聞こう」

ちょうど水くみ場に着いたころ、『イテテロ』の始まりの音楽が流れ始めました。みんなで一つのラジオのまわりに集まって耳を澄《す》ませます。子どもの声で番組が始まりました。

「みなさん、こんにちは。もうすぐ学校の始業式ですね。今日のテーマは『学校に行こう』です。おやおや、イテテロの森の動物たちが学校について話しているよ。聞いてみましょう」

ラジオから、小鳥のアカニョニがいつもの広場でお友達《ともだち》に話しかける声がします。

「ねぇ、今朝私《わたし》はどこにいたと思う？　小学校に行って、窓《まど》から教室の中をのぞいてきたの。春休みが終わって、学校は子どもたちでいっぱいなのよ」

子牛のアカニャナが答えます。

「学校ってどんなところ？　みんな何をしているの？」

学校に行ったことがないダマシエンは、この会話にひきこまれました。

学校ってどんなところ？

「三年生の教室ではね、ABC《エービーシー》の歌を歌ったの」

そういって小鳥はABC《エービーシー》の歌を上手に歌ってみせます。

ダマシエンは考えました。歌なら僕《ぼく》、得意《とくい》だな。僕《ぼく》も学校に行ってABC《エービーシー》の歌を歌いたいな。

目が見えないと小学校に行くのはむりだと聞いていたのですが、どうやら目が見えなくてもできることはありそうです。

その晩《ばん》、ダマシエンは家に帰ってからお母さんに頼《たの》みました。

「僕《ぼく》、学校に行きたいんだ。ラジオでやってたんだけどね、学校では歌を歌ったりするんだって。僕《ぼく》は歌うのも踊《おど》るのも得意《とくい》だよ。数だって数えられるし。僕《ぼく》、学校へ行って、みんなと一緒《いっしょ》に勉強したい」

お母さんはびっくりしました。ダマシエンがほかの子たちのように学校に行けるって本当かしら。本当ならいいのだけれどと、嬉《うれ》しさと不安《ふあん》がまざったような気持ちで、とにかく学校に行ってみることにしました。

そして熱心《ねっしん》な先生にも助けられ、ぶじに入学することが決まったのです。

十二歳《さい》で一年生の勉強を始めるのはちょっと珍《めずら》しいかもしれません。でもルワンダの小学校にはおうちの都合で入学が遅《おそ》くなる子どももいますから、同じ学年にいろんな年齢《ねんれい》の子どもがいるのは先生も慣《な》れっこです。

学校が始まるとダマシエンは子どもの権利《けんり》について学びました。そして、はりきって歌を作りました。

「子どもには学ぶ権利《けんり》があるんだって。学校は楽しいよ〜」

歌っていると足取りも軽くなります。頭の上のお日さまが輝《かがや》いているのが肌《はだ》に感じられます。

「イテテロ」って何？

「イテテロ」はルワンダ語で「子どもをはぐくむ場」という意味です。

子ども向けのラジオ番組『イテテロ』は、ダマシエンやほかのたくさんの人たちの人生を変《か》えました。

この本は、ルワンダで初《はじ》めての子どものためのラジオ番組『イテテロ』ができるまでのお話です。

2　ルワンダってどんな国？

自己紹介《じこしょうかい》

私《わたし》の名前は榮谷明子《さかえだにあきこ》です。一九七八年に東京で生まれました。

私《わたし》は小さいころから『アルプスの少女ハイジ』などの日本で作られたアニメや、ＮＨＫの教育番組が大好《だいす》きで、テレビを見ながらよく妹と歌ったり、体操《たいそう》したりしていました。

中学生のときに父の転勤《てんきん》について一年間オランダで暮《く》らし、インターナショナルスクールに通いました。でも自分があまりにも英語《えいご》ができないので、なんとかしようと思って、夏休みにイギリスで英語《えいご》のキャンプに参加《さんか》しました。

キャンプにはヨーロッパのいろんな国の子どもたちがいました。モスクワから来たアラブ人の姉妹は、前の年にソビエト連邦《れんぽう》が解体《かいたい》して自分たちの住む国がロシア連邦《れんぽう》に変《か》わったときの話をしてくれました。

スロバキアから来た女の子は「チェコスロバキアが分離《ぶんり》して、チェコ共和国《きょうわこく》とスロバキア共和国《きょうわこく》の二つの国に分かれたのは良《よ》かったと思う」と言っていました。

自分が生まれ育った国の形や名前がある日とつぜん変《か》わったら、どんな気持ちがするのだろう。地球上にはいろいろな国があって、世界は動いているのだということが感じられました。

このときの体験《たいけん》がきっかけで、私《わたし》は大きくなってからアメリカの大学院で勉強し、ユニセフに就職《しゅうしょく》して世界の子どもたちのために働《はたら》くようになりました。

ユニセフって何？

ユニセフ（ＵＮＩＣＥＦ：国際連合児童基金《こくさいれんごうじどうききん》）とは、世界の子どもたちの命と健《けん》康《こう》を守るために活動する国際機関《こくさいきかん》です。世界のどこに生まれても、すべての子どもがその権利《けんり》を守られ、もって生まれた可能性《かのうせい》を十分に伸《の》ばしながら成長《せいちょう》できるように助けるのがユニセフの仕事です。

私《わたし》は二〇〇四年にユニセフで働《はたら》き始めてから、セルビア、スイス、アメリカで働《はたら》き、二〇一三年の終わりにアフリカのルワンダにやってきました。ダマシエンが学校に入る三年ほど前のことです。

ルワンダでの仕事

ルワンダは長野県を二つ並《なら》べたくらいの面積《めんせき》の国で、言葉はルワンダ語です。人口は一二〇〇万人で長野県の六倍くらい。そのうち半分が十八歳未満《さいみまん》の子どもたちです。日本では総人口《そうじんこう》のうち、子どもの割合《わりあい》は十五パーセントですから、ルワンダは子どもの割合《わりあい》が高いことが分かります。

首都のキガリは道路がきれいに整備《せいび》され、インターネットの会社もある、近代的《きんだいてき》な町です。

ルワンダに着いてすぐ、私《わたし》はユニセフの印《しるし》がついた車に乗ってルワンダ北部の村に向かいました。

ルワンダの子どもたちがどんな生活をして、どんな文化や習慣《しゅうかん》の中で暮《く》らしているかを見学させてもらうためです。

水色のユニセフのTシャツを着て朝早く家を出ると、肌寒《はださむ》い涼《すず》しさに体がすくみました。

いろんな鳥の声が聞こえます。フォフォフォフォフォとやわらかいオカリナの音色のように鳴くのは何の鳥でしょうか。庭に植えられたヒマワリが芽《め》を出していました。

車が首都のキガリを出ると、三十分もしないうちに都会のビルはなくなり、景色《けしき》が緑の自然《しぜん》であふれます。雨が多くて一年中あたたかいので、草木が元気よく育つのです。

農業をしている人が多く、道のわきには野菜畑《やさいばたけ》やバナナの木が連《つら》なります。丘《おか》には、日本と同じように斜面《しゃめん》に稲《いね》を植えた棚田《たなだ》や茶畑が広がります。赤い実をつけるコーヒー豆の木も植えられています。

★ルワンダについて★

正式国名	ルワンダ共和国
面　積	26,338㎢
人　口	1,230万人（2019年）
首　都	キガリ
主要言語	ルワンダ語
その他の公用語	英語、フランス語、スワヒリ語

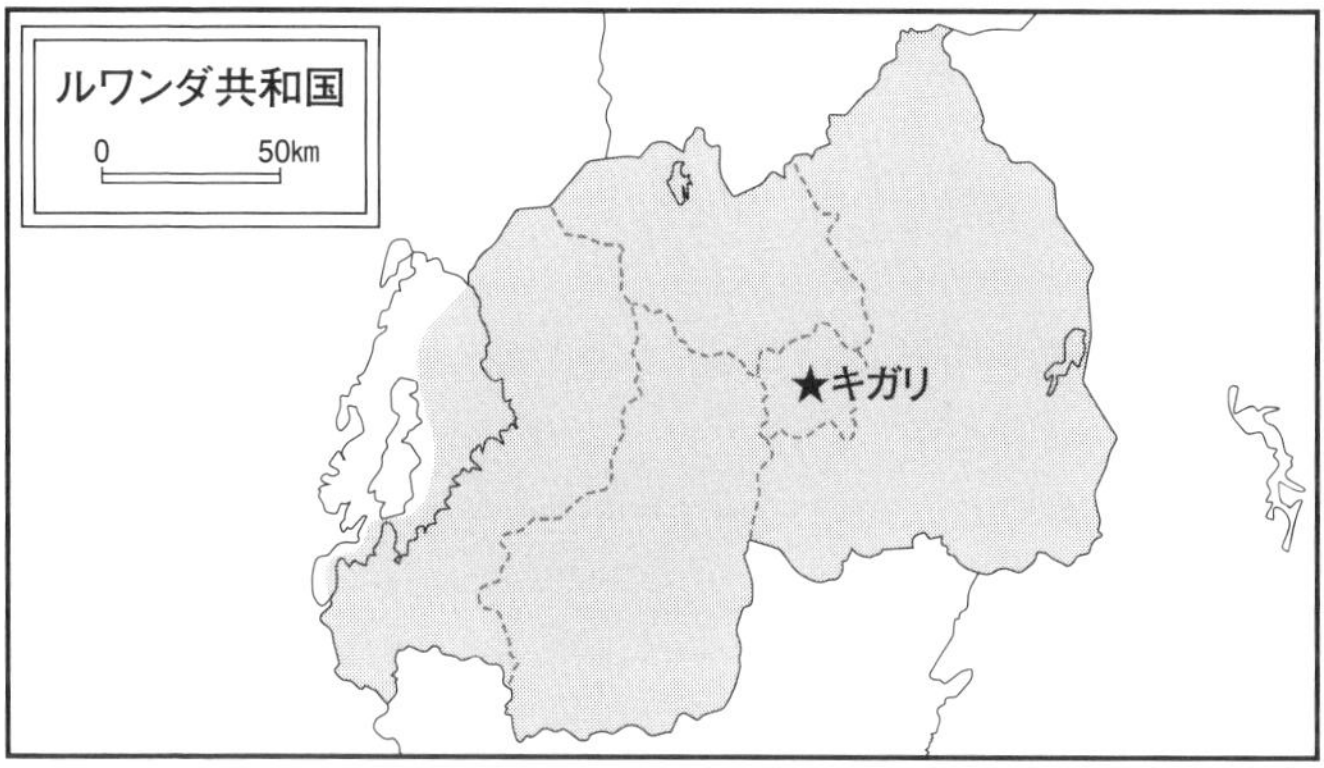

ルワンダ共和国は、アフリカ大陸の中央に位置する国です。
内陸国で海はありませんが、23の湖と多くの川があります。
国土は標高1,000メートルから4,500メートル。
丘が多く、「千の丘の国」とよばれています。

ルワンダは赤道の近くにありますが、標高が高いため、平均気温は約24.6度から27.6度と、一年を通じて、過ごしやすい気温です。
3～5月ごろと10～11月ごろに、雨が多く降ります。

（出典）ルワンダ政府公式ウェブサイト（https://www.gov.rw/about）

ルワンダの子どもたち

村に着くと、役場の人が統計《とうけい》を交えながら説明《せつめい》してくれました。

「小学校の数はずいぶん増《ふ》えて、すべての子どもたちが学校に通えるようになりました。子どもたちを病気から守るワクチンも全員分そろうようになり、世界で一番、子どもが予防接種《よぼうせっしゅ》を受けられる国になったんですよ」

私《わたし》はもっと詳《くわ》しく知りたいと思って質問《しつもん》してみました。

「小学校に通っていない子どもたちもいますか」

「障害《しょうがい》のある子どもたちはあまり学校に来ませんね。それから幼稚園《ようちえん》が足りないので、一年生になるまでは家にいて、一度も鉛筆《えんぴつ》や本にさわったことがない子がたくさんいます」

「おうちでお絵かきなどすることはないのでしょうか」

「村では大人は一日中、畑仕事をしますから、だいたい子どもたちだけで過《す》ごしていますね。子どものためにおもちゃや絵本を買うお金があるおうちなんてほとんどないですから、子どもたちは毎日、特《とく》にすることもなくて村をうろうろしています」

「ご飯《はん》はどうしているのでしょうか」

「お母さんがイモや豆やウガリを二、三日分ゆでておいたものを、おなかが空《す》いたときに食べているようです」

ウガリというのは、トウモロコシの粉《こな》を煮《に》てつぶしたマッシュポテトのような食べ物です。貧《まず》しいおうちでは、お肉が食べられるのはお正月やお祝《いわ》いのときだけ。手を洗《あら》わずに手づかみで食べておなかをこわす子も多いといいます。

私《わたし》は、小さいときに栄養《えいよう》のあるものを食べてきちんと規則《きそく》正《ただ》しい生活をしていないと、子どもたちは小学校に入ってからたいへんだろうなと思いました。

おじいちゃんやおばあちゃんに会ったことがない子どもたちもたくさんいます。ルワンダでは二〇世紀《せいき》の後半に民族《みんぞく》の間で争《あらそ》いがくり返されていましたが、一九九四年にはとうとう紛争《ふんそう》が起こりました。一〇〇日間で八〇万人以上《いじょう》が命をおとしたそうです。そのため、今三十歳《さい》くらいの人と話すと、小さいころに家族を亡《な》くした人がたくさんいるのでした。

「私《わたし》はなんとか生きのびて、親戚《しんせき》のところでいとこたち十人と一緒《いっしょ》に育てられました。食べるものがなくていつもおなかを空《す》かせていました」

「私《わたし》は孤児院《こじいん》に引き取られました。せまくて何もないところに子どもたちばかりが入っていたわ。信頼《しんらい》できて身近に話せる大人はいなかった。そうやって大きくなるとね、大人になってもうまく社会になじめないのよ」

このように、ルワンダにはたいへんな子ども時代を過《す》ごした人たちがおおぜいいるのです。

昔話を知らない大人たち

みなさんは、小さいころに両親やおじいちゃん、おばあちゃんから昔話を聞いたり、子守歌《こもりうた》を歌ってもらったりしたことがありますか？

親から子どもへと語《かた》り継《つ》がれる童話には、その国の伝統《でんとう》がつまっています。たとえば桃太郎《ももたろう》が犬と猿《さる》とキジを引《ひ》き連《つ》れて鬼退治《おにたいじ》にいくという昔話には、勇気《ゆうき》の素晴《すば》らしさや仲間《なかま》で協力《きょうりょく》することの大切さなど、社会で生きていくのに必要《ひつよう》な考え方が子どもにも分かるように説明《せつめい》されています。お話を聞くことで想像力《そうぞうりょく》も豊《ゆた》かになります。

同じように子守歌《こもりうた》も、まだ言葉を知らない赤ちゃんが歌声を聞いてお母さんの愛《あい》情《じょう》を感じたり、日本語の音に慣《な》れ親《した》しむことができるのです。

ルワンダの紛争《ふんそう》で親を亡《な》くした子どもたちは、昔話や子守歌《こもりうた》を知らないまま大人になりました。大人が知らなければ子どもにも歌ってあげることはできません。

このままではルワンダの文化が失《うしな》われてしまう。なんとかしなければと私《わたし》は思いました。

ラジオ番組を作りたい

ルワンダには幼稚園《ようちえん》が少ないので、多くの子どもたちはぶらぶらと毎日を過《す》ごしています。おもちゃで遊んだことはないし、絵本を見たことはないし、お遊戯《ゆうぎ》をとおして言葉を覚《おぼ》えることもありません。

「大きくなったら何になりたい？」

と話しかけてくれるおじいちゃんやおばあちゃんもいないのです。


私《わたし》は考えました。この国には小さな子どもをはぐくむための場所がない。よいことや悪いことの区別《くべつ》、他者への思いやりや社会のルールを身に着ける心の教育は、小学校に行く前に教えてあげなくてはいけない。ルワンダの子どもたちに、手洗《てあら》いなどの生活習慣《しゅうかん》を身に着けることや、想像力《そうぞうりょく》をふくらませてわくわくすること、希望《きぼう》をもって生きることを教えたい。ルワンダの子どもたちの心を育てる場所を作らなくては。

けれど、どうすれば全国の子どもたちに届《とど》くでしょうか。家にいながら子どもたちが楽しく学べる方法《ほうほう》はないかしら。

調べてみると、村にはまだ電気が通っていないので、テレビをもっているのはお金持ちのおうちだけです。その代わりにほとんどの家庭でラジオを聞いていることが分かりました。また、ルワンダで使われている携帯《けいたい》電話でラジオを聞けることも分かりました。

それならラジオ番組を作ったら全国の子どもたちに聞いてもらえるんじゃないかしら。

そうだ、ルワンダ初《はつ》の子どものためのラジオ番組を作ろう！

私《わたし》はそう思いつくと、楽しい気持ちでわくわくしてきました。そして協力《きょうりょく》してくれる仲間《なかま》をみつけようと、同僚《どうりょう》や仕事で知り合った人たちに話してまわりました。

そんなある日、ルワンダ放送協会《ほうそうきょうかい》からユニセフに連絡《れんらく》がありました。

ルワンダのテレビやラジオには小さい子どものための番組がない。小学校に入る前の子どもたちが楽しみながら学べる番組を作りたいので協力《きょうりょく》してほしいというのです！

ラジオ局長のアルドさん

私《わたし》はさっそくルワンダ放送協会《ほうそうきょうかい》ラジオ局長のアルドさんを訪《たず》ねて行きました。

ルワンダ放送協会《ほうそうきょうかい》はユニセフの前の道を五分ほど歩いたところ、大統領官邸《だいとうりょうかんてい》の向かい側《がわ》にありました。

門のところで安全のための荷物検査《けんさ》をすませて正面玄関《げんかん》を入ると待合室には大画

面のテレビにルワンダ語放送《ほうそう》が流れています。

ソファに腰《こし》かけて、ひと言も分からないまま、ぼんやりとテレビの画面を見つめていると、やがて受付《うけつけ》の女性《じょせい》が来てラジオ局長室に案内《あんない》してくれました。

自己紹介《じこしょうかい》がすむとすぐに、私《わたし》はアルドさんに話を切り出しました。

「子どものためのラジオ番組を一緒《いっしょ》に作りましょう」

アルドさんは私《わたし》と同い年。まだ三十代の若《わか》さで大きな責任《せきにん》のある仕事を任《まか》されているだけあって、落ち着いた雰囲気《ふんいき》でした。きれいに整理された局長室の黒いソファを指さして、まぁ座《すわ》りましょうと手ぶりでうながしました。

私《わたし》は話を続《つづ》けました。

「ルワンダにはまだ電気のない村が多いので、みんながラジオを聞いているそうですね。ラジオを聞きながら楽しく学べる番組を作ったら全国の子どもたちがきっと喜《よろこ》ぶと思うんです」

アルドさんは少しうつむいて私《わたし》の話をじっくりと聞いていました。表情《ひょうじょう》はまったく変《か》わりません。右手でげんこつを作って口元にあてながら、少し考えているようでしたが、ふと気づいたように聞いてきました。

「番組を作るためのお金はどうしますか」

「お金はユニセフが出せると思います」

「あなたは子ども番組を作ったことがありますか」

「私《わたし》は日本で素晴《すば》らしい子ども番組を見て育ちました。それからユニセフで子どもとのコミュニケーションについての本を作ったことがあるので、子ども番組に詳《くわ》しい人たちを知っています。その人たちに教えてもらいながら作れば、きっといいものができると思うのです」

「もしやるとしたら、まず何から始めたらいいでしょうか」

「ルワンダの中で、一緒《いっしょ》に番組作りに協力《きょうりょく》してくれる人たちをみつけて、集まって話し合ってはどうでしょうか」

アルドさんはまたしばらく黙《だま》っていましたが、静《しず》かに立ち上がって握手《あくしゅ》をするために私《わたし》のほうに手を差《さ》し伸《の》べると、「考えてみます」と短く答えました。

『イテテロ』の誕生《たんじょう》

話し合いがあっけなく打ち切られてしまったので、私《わたし》は少しがっかりしました。子どものためのラジオ番組、いいアイディアだと思うんだけどなぁ。

考えてみると、話し合いのときには私《わたし》ばかりが話していたようです。アルドさんはあまりしゃべらない性格《せいかく》のようでした。もしかしたら話をするよりも書いてあるものを読んで考えるほうが得意《とくい》な人なのかもしれない。

私《わたし》はアルドさんに面会のお礼のメールを書くときに、自分のアイディアをまとめた企画書《きかくしょ》を一緒《いっしょ》に送ってみることにしました。


四か月ほどして、アルドさんから「子ども番組について話したいので明日、来てください」とメールが来ました。

お久《ひさ》しぶりです、と言って局長室に入った私《わたし》がソファに腰《こし》を下ろすのを待って、アルドさんは自信《じしん》に満《み》ちた顔で話し始めました。

「番組の名前を決めました」

「は？」

「『イテテロ』っていうんです。ルワンダ語で『子どもをはぐくむ場』という意味です。どう、子ども番組にぴったりでしょう？　社会の中には、子どもが子どもらしくいられて、すくすく育つ場所が必要《ひつよう》だと思うんです」

「『はぐくみの場』ですか。いいですね！」

私《わたし》も嬉《うれ》しくなって相づちをうちます。


それからアルドさんは私《わたし》が送ったアイディアに自分のアイディアを書き足した企《き》画書《かくしょ》をもってきて、向かいの席《せき》に腰《こし》をかけました。制作《せいさく》の手順《てじゅん》について話がまとまると、アルドさんはまた立ち上がって窓《まど》の外を眺《なが》めながら私《わたし》にたずねました。

「知っていますか。へびの親は子どもを育てないんです。卵《たまご》がかえる前に卵《たまご》を置《お》いてどこかに行ってしまうんです。でも私《わたし》たち人間はへびと同じではいけない。親にはきちんと子どもを育てる責任《せきにん》があるのです」

そう言って初《はじ》めてアルドさんは笑顔《えがお》を見せました。あ、この人は子どもがいるお父さんなんだと分かりました。そこで私《わたし》も笑顔《えがお》でうなずいて言いました。

「子どもも親も楽しみながら学べる番組にしましょう」

アルドさんはこの番組の大切さを分かってくれている、そんな気がしました。

3　番組作りが始まった！

ルワンダでの暮《く》らし

赤道の近くにあるルワンダは、一年中あたたかくて、春夏秋冬はありません。太陽が上るのはいつでも朝五時半から六時くらい、沈《しず》むのは夕方五時半から六時くらい。日本では夏が来ると日が長くなり、冬になると夜が長くなりますが、それとは違《ちが》って、あまり変化《へんか》がないのです。

それでも草木や虫たちがいっせいに元気になって、ざわざわする季節《きせつ》があります。雨季《うき》です。三月から五月にかけて長い雨季《うき》があり、十月から十一月に短い雨季《うき》があります。

日本の梅雨《つゆ》はしとしとと静《しず》かに長い雨が降《ふ》りますが、ルワンダの雨季《うき》はとても派手《はで》で、ざーっと降《ふ》り始めるとトタン屋根に水が跳《は》ねる音がうるさくて隣《となり》にいる人の声すら聞こえなくなってしまうほどです。

その代わりに雨が止《や》んだあとはさわやかな空気に緑の香《かお》りが漂《ただよ》って、アリ、カマキリ、バッタ、カエルにトカゲ、そしてカメレオンと、あちこちで小さな生き物が息づいているのが感じられるようになります。

私《わたし》は庭で小さな家庭菜園《さいえん》を始めてみました。いろいろな野菜《やさい》や花の種《たね》を少しずつまきます。大根、大葉《おおば》、にんじん、レタス、ヒマワリ。ヒマワリの元気な黄色が私《わたし》は大好《だいす》きなのです。

大根はすくすく育ちましたが、なぜかにんじんは葉っぱばかり大きくなって食べるところは親指くらいの大きさにしかなりませんでした。大葉《おおば》はかっこよく育ちましたが、あの独特《どくとく》の香《かお》りがしてきません。

一番驚《おどろ》いたのがレタスです。地面で球のように葉を巻《ま》く代わりに、あっという間にくきが高く伸《の》びて花が咲《さ》いてしまいました。こんなレタスは見たことがありません。同じ野菜《やさい》の種《たね》でも、育てる場所や土が違《ちが》うとこんなに育ち方が変《か》わるんだ、と驚《おどろ》きました。

種《たね》がどう育つかは、遺伝子《いでんし》だけで決まるのではなくて、育つ環境《かんきょう》によっても変《か》わってくるのだと知りました。

仲間《なかま》作り

ラジオ番組を作るには、面白《おもしろ》くてためになる内容《ないよう》を考える人、情報《じょうほう》が正しいかを確認《かくにん》する人、子どもたちが好《す》きな曲を作って歌う人、そして番組を録音《ろくおん》したり編集《へんしゅう》したりする人など、たくさんの人が力を合わせなければできません。私《わたし》は仲間《なかま》を集めるために、どんどん人に声をかけていきました。ルワンダで初《はじ》めての幼児《ようじ》番組を一緒《いっしょ》に作りませんか。

ラジオの制作《せいさく》会社の人たち、幼稚園《ようちえん》の先生たち、障害《しょうがい》のある子どものために学校を開いている人たち、子どもの権利《けんり》を守る政府機関《せいふきかん》の人たち、子どもの育て方を親に教える教室を開いている団体《だんたい》など、興味《きょうみ》をもってくれそうな人たちに番組の説明《せつめい》をして、会議《かいぎ》をするために集まってもらうようにお願《ねが》いして回りました。

母のはげまし

初《はじ》めての会議《かいぎ》がいよいよ明日にせまった前の晩《ばん》、私《わたし》は落ち着かない気分で自分の部屋にいました。

ユニセフで一番大きな会議室《かいぎしつ》を用意したけれど、誰《だれ》も来なかったらどうしよう。

そんな恐怖《きょうふ》が心の中に生まれます。

私《わたし》は番組の目的《もくてき》を説明《せつめい》する資料《しりょう》を作っていました。日本の『おかあさんといっしょ』やアメリカの『セサミストリート』を参考《さんこう》にしながら、いろいろなアイディアを盛《も》り込《こ》んで、みんなの前で発表する準備《じゅんび》をしています。

でも、ルリンダの人たちはいい番組だと賛成《さんせい》してくれるかしら。


みんなの前で発表する不安《ふあん》がつのって、私《わたし》は小学校で学級委員をしたときのことを思い出しました。

私《わたし》の学校では、授業《じゅぎょう》中おしゃべりしている人がいたら、学級委員は担任《たんにん》の先生に代わって「静《しず》かにしてください」と注意しなければいけませんでした。

先生の期待にはこたえたいけれど、学級委員だからって、みんなより偉《えら》いわけじゃありません。女の子から仲間《なかま》はずれにされたらどうしようとか、「女のくせにオレに文句《もんく》あるのか」って反発する男の子がいたらどうしようかと心配でたまりませんでした。みんなをまとめるリーダーになる、そういう役目は自分に向いていないと思っていました。

でも、このラジオ番組は私《わたし》が言いだしたことです。みんなを誘《さそ》って始めるからには責任《せきにん》をもってやりとげないといけません。ああ、どうしよう。

ひとりで悩《なや》んでいると、携帯《けいたい》電話が鳴りました。日本の母からの電話です。

「もしもし」

と出ると、母の明るい声が聞こえてきます。

「明子ちゃんがこの前言っていた子ども番組のお話、私《わたし》も少し考えてみたんだけれど、いいアイディアだと思うの。私《わたし》が小さいころ、ラジオにお話の時間があって私《わたし》はいつも楽しみにしていたことを思い出したのよ。たしか『コロの物語』っていう小犬のお話だったわ」

私《わたし》の母の小さいころといえば一九五〇年代、日本にはまだテレビのあるおうちは少なくて、家族みんなでラジオを聞いていた時代でした。

今のルワンダもそれは同じで、ラジオはどの家庭でも大切にされています。村のほうではまだ電気が通っていないのでラジオのドラマや音楽が人々の楽しみなのです。

楽しく学べる番組を作ったら、きっと喜《よろこ》んでもらえるという気持ちがよみがえってきました。

それにしても、母はなんといいタイミングではげましてくれたことでしょう。母に感謝《かんしゃ》の気持ちでいっぱいになりました。

初《はじ》めての会議《かいぎ》

そしていよいよ会議《かいぎ》の日。私《わたし》はお気に入りの黒いパンツスーツに明るいお化粧《けしょう》をして、会議室《かいぎしつ》に来てくれたひとりひとりと握手《あくしゅ》をしました。用意した三十席《せき》はいっぱいになり、番組の説明会《せつめいかい》が始まります。はじめの言葉はアルドさんにお願《ねが》いしました。

「みなさん、今日は集まってくれてどうもありがとう。ルワンダ放送協会《ほうそうきょうかい》は、いろんな番組を放送《ほうそう》していますが、小さな子どものための番組はまだありません。そこで、小学校に上がる前の子どもたちが親と一緒《いっしょ》に聞けるようなラジオ番組をみなさんと一緒《いっしょ》に作りたいと思います」

みんな静《しず》かに話を聞いています。ルワンダの人は真面目で礼儀《れいぎ》正《ただ》しく物静《ものしず》かなのです。

　続《つづ》いて、私《わたし》の番です。準備《じゅんび》した資料《しりょう》や画像《がぞう》を見せながら説明《せつめい》します。

「子どもたちはルワンダの未来《みらい》を作る人たちです。だから社会のルールや正しい言葉の使い方など、私《わたし》たちが大切だと思うことを早いうちから教えてあげることが大切です。

　子どもに教える方法《ほうほう》はお説教《せっきょう》をするだけではありません。ラジオを使えば分かりやすく楽しくしつけをすることができるのです。

　たとえば私《わたし》が小さいころ、日本には動物の三人組が遊んだりけんかしたりする番組があって、子どもたちにお友達《ともだち》と仲良《なかよ》く遊ぶ方法《ほうほう》を教えていました」

　ひとりの男性《だんせい》が手を挙《あ》げました。

「そのねずみの着ぐるみは、手に指がついていますね。本物のねずみには指がありません。事実と違《ちが》うと、子どもたちが混乱《こんらん》しませんか」

これは予想外の質問《しつもん》でした。

この国の人たちはミッキーマウスとか見たことがないのかしら。困《こま》ったな、どうやって説明《せつめい》しよう。

言葉に詰《つ》まってしまった私《わたし》の代わりに、幼稚園《ようちえん》の先生が答えてくれました。

「子どもたちには、私《わたし》たちが考えるよりもずっと豊《ゆた》かな想像力《そうぞうりょく》があって、現実《げんじつ》の世界とおとぎ話の世界をきちんと分けて理解《りかい》することができます。

ほらたとえば、昔話の中ではウサギとカメがかけっこをするでしょう。実際《じっさい》にはウサギとカメが話をすることはないけれども、子どもたちにはちゃんと分かるんです。そして、おとぎ話をとおして、どんな行動がいじわるで、何が正しいかをちゃんと学ぶことができます」

さすが幼稚園《ようちえん》の先生！　説得力《せっとくりょく》があるわと感心するひまもなく、今度は若《わか》い女性《じょせい》が質問《しつもん》しました。

「新しい番組を作ったって、まだ誰《だれ》も知らないわけでしょ。たくさんの人に聞いてもらいたかったら、もともと有名な番組の中に、ちょっとだけ子ども向けのコーナーを作ればいいじゃない」

これにはアルドさんが答えます。

「小さな子どものための番組は、ルワンダではこれが初《はじ》めてです。だからもともとある番組と一緒《いっしょ》くたにするよりも、子どもたちが聞きやすい時間帯《じかんたい》に放送《ほうそう》時間を合わせて、新しく作りましょう。ちゃんと宣伝《せんでん》すればみんな覚《おぼ》えてくれるから大丈夫《だいじょうぶ》です」

どこかから、控《ひか》えめな声がしました。

「でも、失敗《しっぱい》したら誰《だれ》が責任《せきにん》をとるの？」

会議室《かいぎしつ》がしんとなりました。

リーダーになる

「誰《だれ》が責任《せきにん》をとるか」。

この一言で、みんなうつむいてしまいました。

新しいことをするのは、怖《こわ》い。私《わたし》も怖《こわ》いけれど、みんなも怖《こわ》いんだ。

言いだした私《わたし》がここでがんばらなかったらこの番組は始まらない。これは私《わたし》の役目だ。

静《しず》まりかえった会議室《かいぎしつ》をもう一度みまわして、私《わたし》は言葉を選《えら》びながら立ち上がりました。

「みなさん、今日はお忙《いそが》しいところこの会議《かいぎ》に来てくれて、改《あらた》めてありがとうございます。私《わたし》はこの番組がルワンダの子どもたちやお父さん、お母さんたちに必要《ひつよう》だと信《しん》じています。

番組制作《せいさく》のお金はユニセフが出して、運営《うんえい》の責任《せきにん》は私《わたし》が負います。みなさんには、アイディアを出したり、宣伝《せんでん》したり、動物たちのドラマのあらすじを作るのを手伝《てつだ》ってほしいのです。ぜひ協力《きょうりょく》してください」

すると、政府《せいふ》のジェンダー・家族省《しょう》から参加《さんか》してくれた女性《じょせい》が言葉を足して応援《おうえん》してくれました。

「まだないものを新しく作るって私《わたし》はいいと思うの。だって失《うしな》うものは何もないじゃない。やってみましょうよ」

みんな、納得《なっとく》した表情《ひょうじょう》でした。私《わたし》はチャンスだと思いました。

「それでは最後《さいご》に、これから紙を配ります。みなさんがどのようにこの番組を応援《おうえん》していくかを考えて、書き出してみてください」

こうして、番組作りが始まりました。

4　新しいキャラクターの誕生《たんじょう》

子どもと遊び

初《はじ》めての会議《かいぎ》はうまくいきました。これまで、おたがいの顔は知っていても一緒《いっしょ》に何かをしたことはなかった人たちが、力を合わせて番組を作ることに興味《きょうみ》をもってくれました。

みんなの興味《きょうみ》がうすれる前に、早く次に進まなければいけません。私《わたし》はアメリカの知り合いに連絡《れんらく》を取って、次の会議《かいぎ》の準備《じゅんび》を始めました。

二回目の会議《かいぎ》では、アメリカのハーバード大学からアイシャ・ユサフザイ先生を招《まね》いて特別授業《とくべつじゅぎょう》をお願《ねが》いしました。

ユサフザイ先生は赤ちゃんや小さい子どもについての研究で有名で、とても物知りでした。生徒《せいと》は私《わたし》たち大人たちです。子どもにとって面白《おもしろ》い番組を作るために、まずは私《わたし》たちが子どものことを知ろうというわけです。

簡単《かんたん》な自己紹介《じこしょうかい》のあと、先生はまずビデオを見せてくれました。〇歳《さい》の赤ちゃんがお母さんとおもちゃで遊ぶ様子や、幼稚園《ようちえん》のブランコで遊ぶ子どもたちが、列にわりこんできた子に順番《じゅんばん》交代のルールを教える様子などです。

生徒《せいと》の大人たちはみんな一生懸命《いっしょうけんめい》ビデオを見ています。先生は言いました。

「子どもたちは、遊びながら社会のルールを覚《おぼ》えます。遊ぶことで、よいことと悪いことの区別《くべつ》を知ったり、お友達《おともだち》が泣《な》いていたら心配する思いやりの心が育ったりするのです。それがないと大人になってからもうまく人と話ができなかったり、仲《なか》良《よ》くできなかったりします」

ルワンダ政府《せいふ》の人が手を挙《あ》げて質問《しつもん》しました。

「遊びが大切なのは分かりました。でも遊んでばかりいたらなまけものになりませんか」

「小さな子どもにとっては遊ぶことが勉強なのです。でも、子どもたちが遊びながら学ぶためには大人の力が必要《ひつよう》です。安全に遊べる公園を作ったり、歌を教えたりするのは大人の役割《やくわり》です」

別《べつ》の人が質問《しつもん》しました。

「ラジオ番組でもそういう遊びができると思いますか」

先生は丸い優《やさ》しい笑顔《えがお》をほころばせて言いました。

「ラジオ番組で歌を歌ったり、お話を聞いたりするのは子どもにとってとてもいい遊びです。毎週、番組の中で絵本を読む時間を作るといいかもしれません。ぜひ、いい番組を作ってください」

偉《えら》い先生にはげまされて、みんな少し嬉《うれ》しいような、てれくさいような気持ちになりました。

動物たちが主人公

三回目の会議《かいぎ》では、いよいよ番組に登場する動物のキャラクターを作ることになりました。

ルワンダの昔話に出てくる動物を書き出して、ラジオ番組にぴったりなものを選《えら》ぶのです。

ルワンダの昔話ならルワンダ人が一番よく知っています。私《わたし》はみんなに質問《しつもん》したり意見を聞いたりする役にまわりました。

「ルワンダの昔話で一番よく出てくる動物は何？」

集まったみんながちょっと考えてから教えてくれます。

「ライオンだな。ライオンは強くて賢《かしこ》くて、動物たちのまとめ役なんだ」

私《わたし》は黒板にライオン（リーダー）と書きました。

「鳥も出てくるの。ルワンダでは鳥は子どもたちの友達《ともだち》で、子どもに鳥の名前をつけることもあるのよ」

「へー、それは面白《おもしろ》い。鳥は何が得意《とくい》な動物かしら」

私《わたし》が興味《きょうみ》をもつとみんな勢《いきお》いづいてきます。

「鳥は歌を歌うのが上手よ。子どもたちも歌が好《す》きだからちょうどいいわね」

「あ、ウサギを忘《わす》れちゃいけない。ウサギは頭がいいんだけれどずるくてね、みんなをだまして自分だけいい思いをしようとするんだ」

私《わたし》は驚《おどろ》いて答えました。

「日本の昔話ではずる賢《がしこ》いのはキツネよ。ルワンダではそれがウサギなのね」

「そう、でももっと悪いのはハイエナ。子どもたちを怖《こわ》い目に合わせるんだ」

ハイエナは私《わたし》にはあまりなじみがない動物です。赤ずきんちゃんに出てくるオオカミみたいな感じでしょうか。

ルワンダは紛争《ふんそう》で多くを失《うしな》った国です。番組では平和を教えるメッセージが大切になると私《わたし》は考えました。そこでみんなに聞いてみました。

「子どもたちに平和や仲良《なかよ》しを教えるにはどんな動物がいいかしら」

みんなは口をそろえて答えました。

「それならウシがぴったりだわ。おっとりして腹《はら》をたてないの」

私《わたし》はルワンダの人たちが家の財産《ざいさん》としてウシを大切にすることを思い出しました。おうちによく飾《かざ》られているイミゴンゴという壁《かべ》かけが、ウシのふんで作られていることも……。それほど身近で尊敬《そんけい》されている動物ならぜひ番組に登場してもらわなければいけません。

キャラクターが決定！

こうして、みんなでわいわいと話し合った結果《けっか》、番組に登場する五匹《ひき》の動物が決まりました。

・ライオン（リーダー）六歳《さい》の男の子。

好《す》きな色は黄色。好《す》きなことはお肉を食べることとサッカーをすること。みんなには内緒《ないしょ》だけど、かみなりが怖《こわ》くて大嫌《だいきら》い。大きくなったらパパみたいな立派《りっぱ》なライオンになりたい。

・ウサギ（いたずらもの）四歳《さい》の男の子。

体は小さいけれど頭が良《よ》くてすばしっこい。かけっこして一番になるのが大好《だいす》き。自信満々《じしんまんまん》だけ

ど、実は暗いところが苦手。

・**ヤギ（お寝坊《ねぼう》さん）三歳《さい》の女の子。**

朝はなかなか起きられない。恥《は》ずかしがりやさんだけど、知りたがりやさんで、質問《しつもん》をしだすと止まらない。お外でお友達《ともだち》と遊んだり、面白《おもしろ》いものやきれいなものをみつけるのが大好《だいす》き。

・**ウシ（優《やさ》しいリーダー）五歳《さい》の女の子。**

花や木など自然《しぜん》が好《す》きで、誰《だれ》とでも仲良《なかよ》くできるけど、ひとりぼっちは苦手。お友達《ともだち》がけんかをすると止めに入って仲直《なかなお》りさせる。

・小鳥（ものしり）四歳《さい》の女の子。

性格《せいかく》が明るくて、歌ったり飛《と》びまわったりするのが好《す》き。雨が降《ふ》ったり風が強い日はお外に行けなくてがっかりしてしまう。隣町《となりまち》から聞いてきたニュースや小学校の窓《まど》から見てきたことをみんなに教えてくれる。

お話作り

動物のキャラクターができたら、次はお話作りです。番組で伝《つた》えたいテーマを決めて、それぞれのキャラクターの性格《せいかく》を考えながら会話や場面を生み出していきます。

てきぱきと作業をするために、私《わたし》は特別《とくべつ》に選《えら》んだ三人のルワンダ人に声をかけて小さなチームを作りました。

プロデューサーのクリスティーヌさん、昔話に詳《くわ》しいユニセフの同僚《どうりょう》、幼児《ようじ》教育の専門家《せんもんか》、そして私《わたし》。

それから半年間、このメンバーは毎週月曜日の午後に集まり、私《わたし》の小さなオフィスは想像《そうぞう》の世界の動物たちがかけまわる遊び場になりました。


その日のテーマは「お友達《ともだち》と仲良《なかよ》く遊ぼう」でした。

小さな子どもたちは、自分の思い通りにならないとどなったり、あばれたりして怒《いか》りを体で表現《ひょうげん》してしまいます。どんなお話にしたら、お友達《ともだち》と意見が違《ちが》っても仲《なか》良《よ》くできるようになるでしょうか。

「子どもに教える立場にいるのは親でしょう。動物の子どもたちがけんかしているところにお母さんが登場して、みんな仲良《なかよ》くしなさい！　ってお説教《せっきょう》するのはどう」

と誰《だれ》かが言いました。

たしかに親には責任《せきにん》があります。でもお説教《せっきょう》は、ユサフザイ先生が教えてくれた「遊びをとおして学ぶ」のとは違《ちが》います。私《わたし》はすぐに答えました。

「子どもはお説教《せっきょう》されなくても、お話から学ぶことができるわ。親が答えを出すのではなくて、子どもどうしで考えて仲直《なかなお》りに成功《せいこう》するお話にしましょう。『イテテロ』のキャラクターが友達《ともだち》の気持ちを理解《りかい》して、うまく仲直《なかなお》りする言葉をみつけられたら、ラジオを聞いた子どもたちもそれをまねして、仲直《なかなお》りする方法《ほうほう》を学べると思うの」

「そうね。お友達《ともだち》と意見が違《ちが》うときに、怒《おこ》らずに話し合って解決《かいけつ》できる子がいたらまわりの子どもはそれを見て学べる」

と幼児《ようじ》教育の専門家《せんもんか》が言います。

「それじゃ、こうしましょう。ウサギとライオンが口げんかしているところにもうひとりの子が、なだめに入るの」

「おだやかに優《やさ》しい言葉で話すお手本になるのはどのキャラクターがいいかしら」

と私《わたし》がたずねると、

「それはウシね」

とユニセフの同僚《どうりょう》が答えます。

私《わたし》は、みんなが子どものとき、どんなことでお友達《ともだち》とけんかしたか思い出してもらいながら、英語《えいご》であらすじを書き出していきました。

お話の流れができたら、次は脚本家《きゃくほんか》のところに送られます。

脚本家《きゃくほんか》というのは、話のあらすじをもとに声優《せいゆう》さんたちがしゃべる会話の文を書く人で、ドラマの制作《せいさく》には欠《か》かせない大切なお仕事です。

『イテテロ』の場合は、英語《えいご》で書いたあらすじを子どもに分かりやすいルワンダ語にして、さらに会話が面白《おもしろ》くなるように書き直す必要《ひつよう》があるので、特《とく》にベテランの脚本家《きゃくほんか》にお願《ねが》いしていました。

5　声優《せいゆう》は子どもたち

子どもたちのオーディション

いよいよ五匹《ひき》のキャラクターに合わせて、声優《せいゆう》さんを探《さが》すことになりました。ラジオ番組では声の演技《えんぎ》がとても大切なので、いい声優《せいゆう》さんをみつけられるかどうかが、番組が成功《せいこう》するかどうかの決め手になります。

キャラクターの年齢《ねんれい》は三歳《さい》から六歳《さい》ですが、もう少し大きい子どもたちに集まってもらい、オーディションをすることになりました。

オーディションにはライオン、ウサギ、ヤギ、ウシ、小鳥、それぞれの役に二、三人ずつ、ぜんぶで十二人が来てくれました。みんな六歳《さい》から十歳《さい》くらいの子どもたちです。演技《えんぎ》ができるかどうかを見るために台本を渡《わた》して読んでもらいます。

たよりになるギテファノさん

子どもたちは、みんな少し緊張《きんちょう》している様子です。すると、番組の音響《おんきょう》を担当《たんとう》するギテファノさんが、前に出て声の出し方を指導《しどう》してくれました。

少し怒《おこ》ったような声、おどけた声、ギテファノさんはまるでたくさんの人の声をもっているかのようでした。

私《わたし》が驚《おどろ》いていると、ラジオ局の人が教えてくれました。

「ギテファノはね、実は有名な俳優《はいゆう》なんだよ。『ウルナナ』のギテファノといえば、ルワンダではまず知らない人はいないくらい」

『ウルナナ』というのはルワンダで十年以上《いじょう》放送《ほうそう》されている有名なラジオドラマで

す。ギテファノさんは「不真面目《ふまじめ》だけれど憎《にく》めないパパ」の役が当たり大人気なのだそうです。

思わぬところに有名人が現《あらわ》れて、私《わたし》はすっかり感動してしまいました。

『イテテロ』の制作《せいさく》チームは、みんなただものじゃない！　ひとりひとりが、自分のもつ輝《かがや》きを分けてくれたら、きっと世界でたった一つのすてきな番組になる、と確信《かくしん》して胸《むね》がいっぱいになりました。

初《はじ》めての番組の収録《しゅうろく》

こうしてオーディションに受かった子どもたちと、初《はじ》めて番組を録音《ろくおん》する日がやってきました。

平日はみんな小学校に通っていますから、集まるのは土曜日です。

ギテファノさんが子どもたちと一緒《いっしょ》に台本を読む練習をしてくれました。ヤギの役を演《えん》じる女の子はまだ六歳《さい》。台本を読むだけでもたいへんです。つっかえながらも、なんとか最後《さいご》までリハーサルが終わりました。

そしていよいよ本番です。

私《わたし》はギテファノさんとスタジオの隣《となり》にあるコントロールルームにうつり、小さな窓越《まどご》しに子どもたちの様子を見守りました。ギテファノさんがヘッドフォンをかぶっていよいよ収録《しゅうろく》開始！

最初《さいしょ》の録音《ろくおん》では、子どもたちの声がだんだん小さくなってしまい、ギテファノさんが指導《しどう》に当たります。

二回目の録音《ろくおん》では、みんなの声がだんだん暗くなってしまい、ギテファノさんがスタジオに再入室《さいにゅうしつ》。

三回の録音《ろくおん》を経《へ》て、ようやくＯＫが出ました。みんなほっとした表情《ひょうじょう》で嬉《うれ》しそうです。

初《はじ》めての収録《しゅうろく》では、朝、リハーサルを始めたときから二つの番組の収録《しゅうろく》が終わるまでに四時間かかりました。子どもたちにとっては、ずいぶんと長い時間です。

「みんながんばったね」

と声をかけると、

「いつもと違《ちが》うことをするの、楽しい」

と笑顔《えがお》で返事が返ってきました。

オーディションを受けて「ウサギ」の声優に選ばれた女の子。いたずらものの声を演じるのは難しい！

私《わたし》もつい笑顔《えがお》になって、片言《かたこと》のルワンダ語で、

「トゥリクムエ」

と言いました。

「トゥリクムエ」はルワンダ語で「みんなで一緒《いっしょ》に」という意味です。

『イテテロ』制作《せいさく》チームはがんばりやの子どもたちを迎《むか》えて、みんなで一緒《いっしょ》に番組を作り上げていきました。

かわいいパンフレット

キャラクターのイメージがはっきりと見えてきたので、私《わたし》はパンフレットを作ることにしました。絵はルワンダ人の画家のルパートさんにお願《ねが》いしました。

ルパートさんはルワンダの社会を良《よ》くしたいという思いをもった絵描《えか》きさんで、

それまでにも「手を洗《あら》いましょう」と書かれたポスターに男の子とばい菌《きん》のマンガを描《か》いてくれたことがあり、私《わたし》は彼《かれ》の腕《うで》を信頼《しんらい》していました。

ルパートさんは一週間ほどで、動物たちの性格《せいかく》が分かるとてもすてきな絵を描《か》いてくれました。

これに番組を説明《せつめい》する文章を書いてルワンダ語に翻訳《ほんやく》したら、パンフレットのできあがり。たくさん印刷《いんさつ》して「宣伝《せんでん》してください」とみんなにお願《ねが》いして配りました。

するとルワンダのあちこちで幼稚園《ようちえん》を開いている仲間《なかま》が、はりきって新しいラジオ番組のことを宣伝《せんでん》してくれました。

「こんなにかわいいパンフレットは初《はじ》めて見たわ。息子《むすこ》に読んで聞かせるから私《わたし》にもください」

とわざわざ幼稚園《ようちえん》まで取りに来てくれたお母さんもいたそうです。

こちらは英語のパンフレット。ルワンダ語のパンフレットは全国に配られました

私《わたし》がパンフレットを作っている間に、アルドさんは宣伝用《せんでんよう》のラジオ広告《こうこく》を特別《とくべつ》に作ってくれました。小さな子どもたちが「イテテロ」「イテテロ」と番組の名前をくり返す声が愛《あい》らしくて、みんなで感心しました。

さぁ、番組開始まで残《のこ》りあと一か月です。

「イテテロ」の黄色いパンフレットに描かれた５匹の動物キャラクターを見る子どもたち

6 放送《ほうそう》開始！

アルドさんの仕上げ

二〇一五年十月六日火曜日、いよいよ放送《ほうそう》が始まる日がやってきました。放送《ほうそう》は午後五時半から。町の人も村の人も仕事を終えてラジオを聞いている時間です。

放送《ほうそう》開始の二時間前、私《わたし》は『イテテロ』を紹介《しょうかい》する文章を書きキャラクターの絵をつけて「みんな忘《わす》れずに聞いてね～！」とメールであちこちに送りました。それからルワンダ放送協会《ほうそうきょうかい》を訪《たず》ねてアルドさんのオフィスに行きました。

ドアをノックして入ると、制作《せいさく》チームが集まってアルドさんを囲《かこ》んでいます。アルドさんはヘッドフォンに耳を澄《す》ませながら何かの機械《きかい》のボタンをあちこち押《お》しています。

「こんにちは。アルドさん、何してるの？」

「『イテテロ』を編集《へんしゅう》してる」

アルドさんは機械《きかい》に集中したまま顔を上げずに答えました。

「ほぉ～」

私《わたし》はびっくりして、なんだか変《へん》な返事をしてしまいました。

『イテテロ』はドラマのコーナーや数字のコーナーなど、別々《べつべつ》に録音《ろくおん》されたものをいくつも組み合わせて一つの番組に仕上げます。放送《ほうそう》開始の二時間前だというのに、その組み合わせの編集《へんしゅう》作業がまだ終わっていなかったのです。

しかもラジオ局長がじきじきに編集《へんしゅう》をやっているというのは普通《ふつう》ではありません。アルドさんはルワンダ放送協会《ほうそうきょうかい》が全国に六つもっているラジオ放送《ほうそう》のすべての責任《せきにん》を背負《せお》っている人ですから、一つの番組の仕上げに手を加《くわ》えるひまなんて、ないはずなのです。


時間と戦《たたか》いながら編集《へんしゅう》作業を進めるアルドさんの邪魔《じゃま》にならないように、私《わたし》はそっと部屋を出て静《しず》かな廊下《ろうか》にたたずみ考えました。

最初《さいしょ》に思ったのは、ありがたいという気持ちでした。いい番組にしたいという強い思いがあるからこそアルドさんが自分の手で仕上げの編集《へんしゅう》をしてくれている。本当に心強いと思いました。

それから思ったのは、やっぱり、これまでになかったものを作るって、たいへんなことなんだということでした。

それまで、ルワンダで流れていたラジオ番組の多くは一回の録音《ろくおん》でできる単純《たんじゅん》な内容《ないよう》でした。しかし『イテテロ』は別々《べつべつ》に五回録音《ろくおん》をして、それを一つの番組になるように切れ目なくつなぐ編集《へんしゅう》作業が必要《ひつよう》です。そのうえ子ども番組ですから、子どものための音楽やお話をみつけてくる必要《ひつよう》があり、準備《じゅんび》にとても時間がかかるのです。

毎週放送《ほうそう》する番組として続《つづ》けていくには、改善《かいぜん》しなければいけないことがたくさんありそうです。

記念《きねん》すべき第一回目の放送《ほうそう》

ユニセフ事務所《じむしょ》に戻《もど》ると、私《わたし》は家からもってきたラジオをかかえて、会議室《かいぎしつ》へと

急ぎました。「記念《きねん》すべき第一回目の放送《ほうそう》をみんなで一緒《いっしょ》に聞きませんか」という
お誘《さそ》いのメールを事務所《じむしょ》の同僚《どうりょう》に流しておいたのです。
何人くらい来てくれるかな。ルワンダ語放送《ほうそう》だから、やっぱりルワンダ人の職員《しょくいん》
が来てくれるかな。
五階の会議室《かいぎしつ》に向かって階段《かいだん》をのぼる私《わたし》の横を、仕事を終えて家に帰る職員《しょくいん》がど
んどん降《お》りていきます。
小心者の私《わたし》は、
「みんな、どこに行くの？　一緒《いっしょ》に『イテテロ』を聞こうよ！」
と声をかけてみんなを引《ひ》き留《と》めることができずに、
「バイバイ」
と愛想《あいそ》よくみんなにあいさつしてしまいました。そして心の中で、
ううん。これはかなり少人数になりそうだな。

となり、深呼吸《しんこきゅう》して心を整えました。

会議室《かいぎしつ》の扉《とびら》を開けると、中で待っていたのはアメリカ人の所長とベルギー人の同僚《どうりょう》。二人は笑顔《えがお》で、

「いよいよだね。おめでとう！」

と言ってくれました。

ああ、ひとりぼっちではなかったと、私《わたし》はそっと胸《むね》をなでおろしました。

夕方、五時半。

ラジオが一瞬沈黙《いっしゅんちんもく》したあと、『イテテロ』の放送《ほうそう》が流れ始めました。

そう、ついにルワンダ史上初《しじょうはじ》めての、子どものためのラジオ番組が全国に届《とど》けられたのです！

放送後《ほうそう》、プロデューサーのクリスティーヌさんから嬉《うれ》しい知らせがありました。第一回の番組が終わったあと、『イテテロ』を聞いた人たちからルワンダ放送協《ほうそうきょう》会《かい》にたくさんの携帯《けいたい》メッセージが寄《よ》せられたそうです。全国各地《かくち》から届《とど》いたメッセージはどれもこれも番組に好意的《こういてき》な内容《ないよう》で、

「ラジオ局のみんなは、とてもやりがいを感じているわ」

と、クリスティーヌさんが満足《まんぞく》そうに微笑《ほほえ》むのを見ながら、私《わたし》はいつかラジオを聞いてくれている人たちに会いに行きたいと考えるようになりました。

7 ヒマワリの花から学んだこと

突然《とつぜん》の知らせ

『イテテロ』が始まって一か月ほど経《た》ったある日のこと。
私《わたし》は新しく作ったお話を小声で読み返しながら書き直していました。そろそろ仕事を終えて帰る時間です。

そこに、アルドさんから電話がかかってきました。なんと脚本家《きゃくほんか》がやめることになったというのです。

「やめるって、どうして急に」

思いもよらない知らせに私《わたし》は驚《おどろ》いて聞きました。

「ほかの仕事が忙《いそが》しくなったので、『イテテロ』の仕事はもうできなくなったと言っているんだ」

アルドさんは続《つづ》けて、

「急いで別《べつ》の人を探《さが》すから、心配しないでいいよ」

と言って電話をきりました。

私《わたし》は途方《とほう》にくれました。

ベテランの脚本家《きゃくほんか》を探《さが》すのは簡単《かんたん》なことではありません。もしも代わりの人がみつからなければ放送《ほうそう》は中止になるでしょう。でも私《わたし》にはルワンダ語で脚本《きゃくほん》を書ける知り合いなどいません。ここはアルドさんの言葉を信《しん》じて待つしかありません。

黄色いヒマワリ

その日、家に帰ってからも私《わたし》は物思いにふけっていました。

よく考えてみると、『イテテロ』の制作《せいさく》チームはプロデューサーがひとりだけ、脚本家《きゃくほんか》もひとりだけ。お話も毎週ぎりぎりに作っています。これでは、誰《だれ》かが病気になったらすぐに困《こま》ってしまうでしょう。

私《わたし》たちの番組作りの方法《ほうほう》は、まだまだ生まれたての赤ん坊《あかんぼう》と同じで弱いところがいっぱいある。今のままでは私《わたし》がいなくなったらきっと消えてしまう。しっかりしたチームを作って、番組作りの手順《てじゅん》も工夫《くふう》して、私《わたし》がいずれルワンダを去る日が来ても『イテテロ』が続《つづ》くようにしたい。

長く続《つづ》く番組にするためには、もっとみんなをまき込《こ》んでいかなきゃ。でも、この国には子ども番組を見て育った人がいない。教育というとお説教《せっきょう》をするものだと勘違《かんちが》いしている人ばかり。誰《だれ》を頼《たよ》ったらいいのか分からない。

考えても考えても答えがみつからなくて、私《わたし》は気分を変《か》えようと庭に出てみました。前に植えたヒマワリが、少し見ないうちに伸《の》びて私《わたし》と同じくらいの背丈《せたけ》になっています。

近づいてこちらも背伸《せの》びしてみたら、大きなヒマワリの花に小さなミツバチをみつけました。人が来た気配にもおびえることなくヒマワリに夢中《むちゅう》です。

黄色いヒマワリに黄色いミツバチ。それだけなのに、なぜと思うまもなく目が釘《くぎ》付《づ》けになりました。

この風景《ふうけい》、私《わたし》は見たことがある。ルワンダではなくて私《わたし》の生まれた国で。

世界はどんな形をしているの？　と好奇心《こうきしん》に満《み》ちていたころの幼《おさな》い瞳《ひとみ》で、私《わたし》はこんなヒマワリとミツバチを見たことがある。

私《わたし》の心は一瞬《いっしゅん》時空を超《こ》えて、旅をして、そしてルワンダにまた戻《もど》ってきました。戻《もど》ってきたときに大切なことに気がつきました。

私《わたし》は同じ地球にいる。ここは、私《わたし》が知っている世界から実はそんなに遠くない。

四季《しき》がない、紅葉《こうよう》がない、食べものの味付《あじつ》けが単調《たんちょう》だとか、ルワンダの生活は日本と違《ちが》うと思っていろいろなこだわりをもっていた心が、とけていくような気がしました。

そうだ、もう「違《ちが》う」とか「分からない」というのはやめよう。信《しん》じてみよう。

ユニセフの同僚《どうりょう》、ラジオ局のチーム、政府《せいふ》やほかの仕事のパートナー、そして幼稚《ようち》園《えん》の先生たちを。トゥリクムエ（みんなで一緒《いっしょ》に）。

みんなでお話作り

こうして編《あ》み出《だ》したのが、合宿形式のお話作りです。

実行委員会のメンバー三十人をまるごと郊外《こうがい》のホテルに集めて、みんなでわいわいと話し合いを重ねながら、五日間の合宿で六か月分のお話を作り出します。六か月分のお話が先にできていれば、脚本《きゃくほん》も収録《しゅうろく》も余裕《よゆう》をもって予定を立てることができるようになります。

実行委員会のメンバーはそれぞれ自分の仕事がありますから、みんなが集まるのは難《むずか》しいだろうと思いましたが、なんと全員出席《しゅっせき》。みんなが『イテテロ』を大切に思ってくれていることが分かり嬉《うれ》しくなりました。

司会《しかい》進行役はルワンダの演劇界《えんげきかい》でみんなの尊敬《そんけい》を集めるサムさんにお願《ねが》いしました。脚本《きゃくほん》はサムさんと一緒《いっしょ》にかつてラジオドラマ『ウルナナ』の黄金時代を築《きず》いたシルビーさんが引き受けてくれました。

簡単《かんたん》なゲームをしてみんなの気持ちがほぐれたところで、いよいよ始まりです。サムさんが呼《よ》びかけました。

「それではみなさん。お話作りを始める前に、まずは子どもの気持ちになる練習をしましょう。自分が子どもだったころを思い出してください。子どもがいる人は、自分の子どもが小さかったときのことを思い出してください。子どもってすごいなと思ったことはありますか」

初《はじ》めて聞かれた質問《しつもん》に、みんなはしんとなりました。しばらく待ってみましたが、自分の話をするのはみんなためらっている様子です。それならまずは私《わたし》から、と立ち上がりました。

「私《わたし》の子どもが五歳《さい》のときのことでした。おなかが痛《いた》いというので、手をそっとおへそのあたりにあてて優《やさ》しくさすってあげたら、子どもがびっくりした顔をして私《わたし》の顔を見るのです。

ママ、おなかが痛《いた》くなくなったよ。何のお薬を使ったの？

私《わたし》は答えました。お薬じゃないのよ。ママのおまじない。ママの愛情《あいじょう》が私《わたし》の手からおなかにうつって痛《いた》いのが和《やわ》らいだのよ。
子どもは黙《だま》って聞いていました。

それから半年後、子どもは六歳《さい》になっていたと思います。今度は私《わたし》のおなかが痛《いた》くなりました。母親ですから子どもに心配をかけまいと平気な顔をつくろっていたのですが、どんどん痛《いた》くなって私《わたし》はとうとうベッドに横になりました。すると、子どもがすっと部屋に入ってきて、ママ、おなかが痛《いた》いの？　と聞くのです。

もう隠《かく》しても仕方ありません。私《わたし》は、『そうよ、ママはおなかが痛《いた》いから少し休むわ』と言いました。すると子どもがそっと私《わたし》のおなかに手をあてて、優《やさ》しくさすってくれたのです。そして言いました。

『ママ、僕《ぼく》の愛情《あいじょう》が手からおなかにうつったから、もう大丈夫《だいじょうぶ》。痛《いた》くなくなるよ』

って。
私《わたし》はそれを聞いてこんなに小さい子でも自分が優《やさ》しくしてもらったことを覚《おぼ》えていて、人にも同じように優《やさ》しくしようと思うんだと心を打たれました」

話し終えてまわりをみわたすと、みんな熱心《ねっしん》に聞いてくれていました。目に涙《なみだ》を浮《う》かべている人もいます。

伝《つた》わったんだ、とたしかな手ごたえを感じました。

ルワンダでも日本でも子どもの純粋《じゅんすい》さや優《やさ》しさに感動する心は同じ。ラジオ番組を通じて子どもがもっている良《よ》さをひきだし、はぐくむことが『イテテロ』の一番大切な目的《もくてき》だということにみんなが気づいた瞬間《しゅんかん》でした。

五日後、たくさんの笑《わら》いに包《つつ》まれた合宿は、半年分のお話とあたたかい友情《ゆうじょう》をはぐくんで閉会《へいかい》しました。

ユニセフからも五人の同僚《どうりょう》が参加《さんか》してくれました。そして、そのうちのひとりは帰《かえ》り際《ぎわ》にこう言いました。

「あなたの合宿、とっても楽しいわ。次回も絶対《ぜったい》に私《わたし》を呼《よ》んでね！」

8　歌ってみよう

子どもの歌

『イテテロ』には、動物のドラマ、童話、数あそびなどいろんなコーナーがあって、全部で三〇分の番組になっています。中でも人気なのが歌のコーナーです。歌のコーナーが始まると、二歳《さい》くらいの小さな子どもでも、ぱっと目を輝《かがや》かせ、音楽に合わせて体をゆすります。そしてまだ意味は分からなくても一生懸命《いっしょうけんめい》にまねをして歌おうとするのです。歌は楽しい気分になるだけでなく、言葉の勉強にもなるし、手洗《てあら》いのしかたなど生活の大切なことを学ぶこともできます。

『イテテロ』ができる前、幼児《ようじ》向けの放送《ほうそう》がないために、小さな子どもたちは親や年上の兄弟が聞くラジオ放送《ほうそう》をそばで聞いていました。聞いていたのは大人向けのドラマや恋《こい》の歌などです。だから、二歳《さい》の子どもが「あなたなんてきらい〜、きらい〜」なんて曲を歌っていました。

『イテテロ』をもっと楽しい番組にするために、どうしたら子どもの歌を増《ふ》やせるかなと考えていると、まるで神様からの贈《おく》り物《もの》のような嬉《うれ》しい出会いがありました。

一つ目の出会い

『イテテロ』のために最初《さいしょ》に歌を作ってくれたのは、ヨーロッパのフィンランドからきたエイヤさんとスサンナさんでした。二人はフィンランドで人気のある歌手で、ユニセフの活動を応援《おうえん》するためにルワンダに来てくれたのです。

私《わたし》はさっそく『イテテロ』について説明《せつめい》して、子どもたちのために歌を作りたいと相談しました。エイヤさんとスサンナさんはすぐに賛成《さんせい》してくれました。

「歌作りは私《わたし》たちに任《まか》せて。でもあなたにも協力《きょうりょく》してもらうわ。どんな曲にしたいか、私《わたし》たちにルワンダ語で教えてちょうだい」

私《わたし》はルワンダ人のみんなと話し合って「アバーナ　ムベレ」というルワンダ語を選《えら》びました。「子ども最優先《さいゆうせん》！　子どもたちが一番大切」という意味です。曲はその日のうちにすぐできました。

「アバーナムベレ、ナムベレー」

二人は指を鳴らして肩《かた》をゆすりながら楽しそうに歌ってくれました。アルドさんも喜《よろこ》んで、さっそく録音《ろくおん》させてくださいと言いました。

ところが二人はダメだと答えます。

「私《わたし》たちが歌ったただけじゃつまらないわ。声優《せいゆう》の子どもたちと一緒《いっしょ》に歌いましょう」

私《わたし》は少し心配になりました。声優《せいゆう》の子どもたちは台本を読むのは上手になりましたが、歌の練習はしたことがありません。

「あの子たちが歌えるかどうか、分からないのですが」

と小さな声で言うと、エイヤさんは自信満々《じしんまんまん》な顔でウインクして、

「歌えるかどうか、ですって。大丈夫《だいじょうぶ》！　歌えない子どもなんていないのよ」

その通りでした。子どもたちはエイヤさんとスサンナさんのまねをして練習しているうちに、あっという間に上手に歌えるようになったのです。

次の週から『イテテロ』の放送《ほうそう》はこの曲で始まるようになりました。

「アバーナムベレ、ナムベレー」と子どもたちの歌声が流れ始めると、大きい子も小さい子もラジオのまわりに集まってきて一緒《いっしょ》に歌います。それは見ているだけで

も楽しくて、みんなが仲間《なかま》に入りたいなと思ってしまうのでした。

二つ目の出会い

それからしばらくして、私《わたし》のオフィスに男の人がやってきました。ルワンダ人の中では背《せ》は低《ひく》めで、年は三十歳《さい》くらいの静《しず》かな人でした。

「私《わたし》は音楽家で、仕事場にはプロの録音《ろくおん》スタジオがあります。一緒《いっしょ》にルワンダの童《どう》謡《よう》を集めて、子どもたちのための歌集を作りましょう」

モーリックスと名乗るその人は、『イテテロ』の主題歌を聞いて自分も協力《きょうりょく》したいと考えてくれたようでした。

「紛争《ふんそう》で多くの人が亡《な》くなってから、ルワンダの童謡《どうよう》はだんだん忘《わす》れられ始めています。早く録音《ろくおん》して保存《ほぞん》しなければ、童謡《どうよう》というルワンダの文化は消えてしまいます」

話を聞いているうちに、モーリックスさんの気持ちは『イテテロ』を制作《せいさく》する私《わたし》たちの気持ちと、とても近いことが分かってきました。同じ目標《もくひょう》をもった人とは仲《なか》間《ま》になれそうな気がします。

そこで私《わたし》は音響《おんきょう》に詳《くわ》しいギテファノさんにお願《ねが》いして、一緒《いっしょ》にモーリックスさんのスタジオを見に行きました。

スタジオには録音《ろくおん》に必要《ひつよう》な機材《きざい》がそろっていましたし、その場で歌ってくれたモーリックスさんは優《やさ》しいいい声をしていました。

一か月後、ユニセフとモーリックスさんは、子どものための二つのＣＤ歌集を作る契約《けいやく》にサインをしました。

モーリックスさんは、まず、車でルワンダ中を回って、各地方《かくちほう》で歌われている童謡《どうよう》を集めてきてくれました。

私《わたし》はチームのみんなをユニセフに呼《よ》んで、ルワンダのパパとママが子どもに一番聞いてほしい十三曲を選《えら》びました。

勇《いさ》ましい歌、優《やさ》しい歌、面白《おもしろ》い歌。言葉の意味は分からなくても、くり返し聞いているうちに心の中にいる「子どもの私《わたし》」がはしゃぐような気持ちがしました。

小さいころ、NHKの『みんなのうた』のコーナーが好《す》きで、妹と一緒《いっしょ》に歌ったたくさんの歌が頭の中によみがえってきました。

すてきな仲間《なかま》がどんどん増《ふ》える

次に、新しい歌を作る作業にとりかかりました。

いろんな曲を作るために、モーリックスさんが音楽家の友達《ともだち》に声をかけると、すてきな仲間《なかま》がさらに増《ふ》えました。

ルワンダの国内にも国外にもたくさんのファンがいる女性《じょせい》ポップ歌手のシャーリー&ニーナさん、ルワンダでとても人気があるラップ歌手のライダーマンさん、それに伝統楽器《でんとうがっき》イナンガを弾《ひ》くソフィーさんです。みんながそれぞれ曲を作ってくれることになりました。

曲作りに参加《さんか》していると、いろいろな発見がありました。たとえば、色を覚《おぼ》える歌を作っているときに、ルワンダにはあまり色の名前がないことを知りました。

日本語には「きみどり」、「あおみどり」、「うぐいすいろ」などの言葉がありますが、ルワンダ語ではこれらはすべて「みどりいろ」です。日本には昔から自然《しぜん》をよく見て短歌や俳句《はいく》などを作る文化があるので、このようにたくさんの色を表す言葉ができたのでしょう。色の名前はその国の文化を表すのだと気づきました。

もう一つの発見は、ルワンダの人は大人も子どもも歌が大好《だいす》きだということでした。町内会や結婚式《けっこんしき》など人が集まるところでは、みんなで何曲も歌ったり踊《おど》ったりする習慣《しゅうかん》があります。

『イテテロ』の曲を少しずつ完成《かんせい》させていく作業は、みんなであぁでもない、こうでもないと意見を出し合って、かなり長い時間がかかるのですが、全員が休まずに参加《さんか》してくれました。

そして、とうとう十三曲を収《おさ》めたルワンダの童謡集《どうようしゅう》と、十一曲の新しい歌を収《おさ》めたイテテロ歌集ができあがりました。

特《とく》に人気だったのは、シャーリー&ニーナさんが作った「子どもと小鳥」という明るい曲、ライダーマンさんの「跳《と》んでみよう」というはずむような楽しい曲、モーリックスさんと子どもたちが合唱《がっしょう》する「バイバイ、わにさん」、それから伝統楽《でんとうがっ》器《き》イナンガが静《しず》かに響《ひび》くソフィーさんの子守歌《こもりうた》です。YouTubeにアップロードされたこれらの歌は大ブレークして、たくさんの携帯《けいたい》にダウンロードされました。

さらに、嬉《うれ》しいことが起こりました。ルワンダのアニメーション学校の生徒《せいと》たちが「子どもと小鳥」の曲に合わせてアニメーションを制作《せいさく》してくれたのです。こうして、テレビでも放映《ほうえい》できる初《はじ》めてのルワンダ版《ばん》『みんなのうた』が完成《かんせい》したのでした。

♪「子どもと小鳥」のアニメーション♪

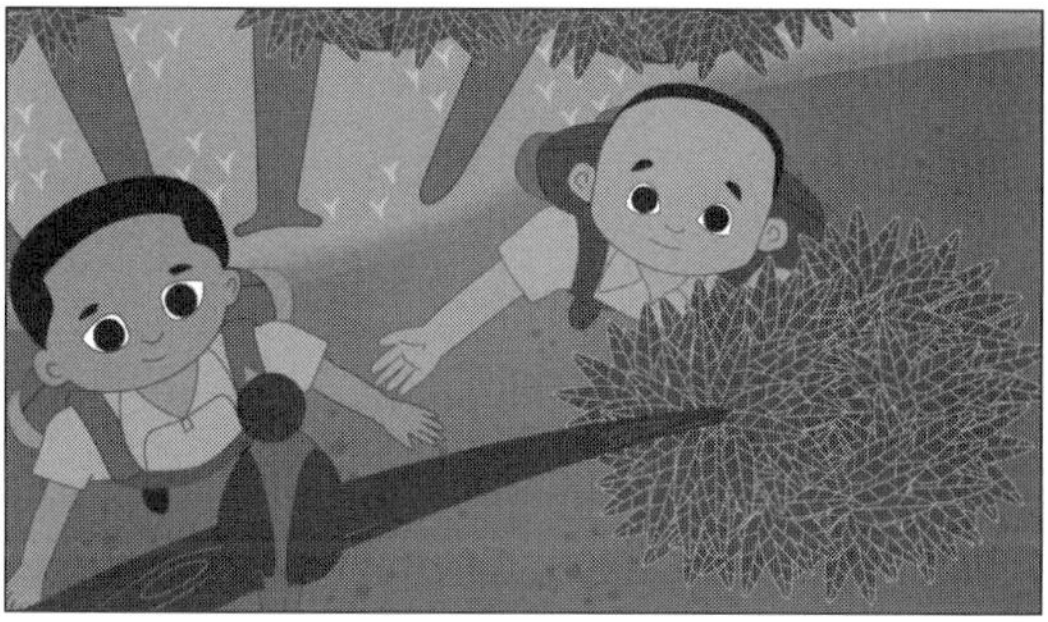

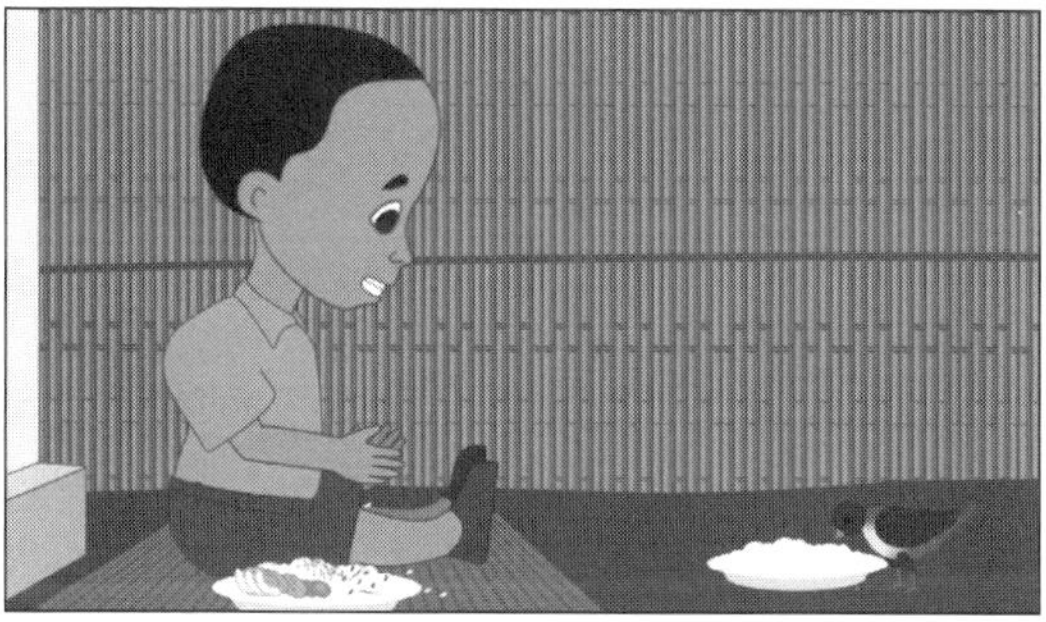

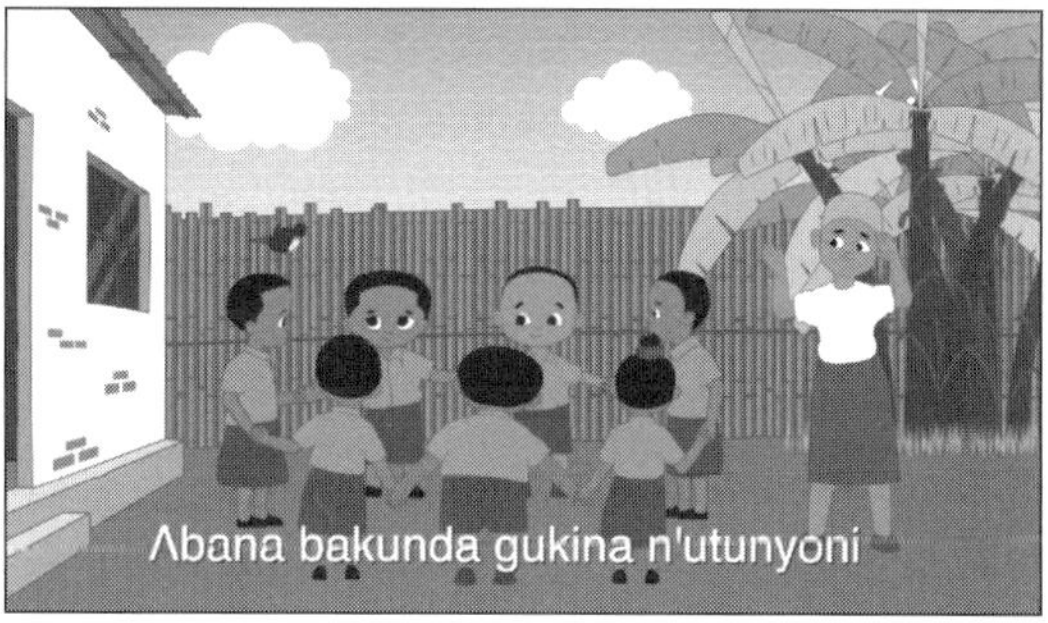
Abana bakunda gukina n'utunyoni

9　ファンを増《ふ》やす

初《はじ》めての生放送《ほうそう》

『イテテロ』はルワンダの子どもやお父さん、お母さんたちにどう思われているのでしょうか。

アルドさんと私《わたし》はその答えをみつけるために、地方の町を訪問《ほうもん》して『イテテロ』を生放送《ほうそう》することにしました。

キガリ市から車で西に一時間二〇分ほど行ったところにあるムハンガ郡《ぐん》。

町内のサッカー場を借《か》りて『イテテロ』の大きな看板《かんばん》を立て、音楽を流していると、たくさんの家族がやってきました。どう見ても四千人はいます！

入口を見ると、まだ切れ目なく人が入ってくるのが見えました。ステージがよく見える場所を取ろうとして、大人も子どもも柱に足をかけてよじのぼっています。

生放送《ほうそう》が始まりました。初《はじ》めに司会者《しかいしゃ》が『イテテロ』の説明《せつめい》をしてから、地元の子どもたちを迎《むか》えていろいろな競争《きょうそう》が行われました。

かけっこや腕立《うでた》てふせ、子どもたちののど自慢《じまん》。一等賞《とうしょう》になった子どもたちは『イテテロ』のぼうしをもらって嬉《うれ》しそうです。最後《さいご》に『イテテロ』で声優《せいゆう》をしている子どもたちがマイクをもって話し、生放送《ほうそう》イベントが終わりました。気がつくと五千人もの家族づれで観客席《かんきゃくせき》がいっぱいになっていました。

「これはすごい」

ふだんは無口《むくち》なアルドさんが珍《めずら》しく高ぶった声で言いました。『イテテロ』の生放送《ほうそう》イベントにこんなにたくさんの人が来てくれるとは、アルドさんにとっても予想外だったようです。

この日、アルドさんは「『イテテロ』は人々に必要《ひつよう》とされている」と確信《かくしん》したそうです。私《わたし》も制作《せいさく》チームも同じ気持ちでした。子どもを大切にしよう、子どもの心をはぐくもう、そう願《ねが》う私《わたし》たちの思いはたしかに、ルワンダのお父さんやお母さんたちに伝《つた》わっていました。

子どもたちが幸せになる番組をめざして

それから一年。『イテテロ』は、毎週二回、ルワンダ全国に放送《ほうそう》されて、今やスポーツ番組よりも高い人気をほこるようになりました。それでも、私《わたし》はまだ満足《まんぞく》していませんでした。番組に人気が出ることよりも、もっと大切な目標《もくひょう》が見えてきたからです。

「『イテテロ』は、子どもたちを幸せにしているかしら」

子どもたちが幸せになる番組をめざすために、私《わたし》たちはある仕掛《しか》けを考えつきました。

イテテロ・クラブ

私《わたし》たちは、ルワンダの五つの地方からそれぞれ一つずつ町を選《えら》んで、イテテロ・クラブを作りました。参加者《さんかしゃ》は

ムハンガ郡のサッカー場から生放送。よく見ると後ろの柱によじのぼっている人がいます！

地元の小さな子どもたちと、お父さん、お母さんです。

毎週火曜日に子どものグループと親のグループそれぞれに番組を聞いてもらい、その日に学んだことを話し合ってもらいました。

このように「もっといい親になるためにはどうしたらいいか」を毎週考えてもらって六か月が経《た》ったころ、イテテロ・クラブの親たちに驚《おどろ》くほどの変化《へんか》があらわれたのです。

絆《きずな》を深める

たとえば、子どものしつけについて放送《ほうそう》したときのことです。

「しつけをするのに、たたいたり、ご飯《はん》を食べさせないのは悪いやり方です。きちんと子どもに分かる言葉で、何が悪かったのかを教えてあげましょう」

という説明《せつめい》を聞いた母親が言いました。

「実は今日、子どもが台所で悪さをしたので、バツとして夕《ゆう》ご飯《はん》をぬきにして家に置《お》いてきました。でも番組を聞いて、子どもがご飯《はん》を食べるのは大切なことだし、しつけのためには何が悪いのか教えるのが母親の役目だと分かりました。私《わたし》はこれから家に帰って、子どもに謝《あやま》ろうと思います。そして、なぜ台所で遊んではいけないのか、包丁《ほうちょう》や火などがあるから危《あぶ》ないのだということをきちんと説明《せつめい》してあげようと思います」

またあるときは、こんな父親がいました。

「うちの息子《むすこ》は、学校で先生が言うことをきれいにノートに書いてこないので、私《わたし》はいつもしかっていました。でも番組を聞いて、子どもはひとりひとり得意《とくい》なことと苦手なことが違《ちが》うのだと知ったのです。

それからは、しかるのをやめて、お前なりのやり方で先生の話をきちんと覚《おぼ》える工夫《くふう》をしてみろと言いました。そうしたらなんと、息子《むすこ》の成績《せいせき》が上がったのです。私《わたし》の子どもは、ノートはとれないけれど、思っていたよりも頭のいい子だと分かりました。

ちゃんと話せば子どものことが分かるし、子どもも親の気持ちを分かってくれるんですね」

北部のムサンゼ郡《ぐん》ではさらに素晴《すば》らしいことが起こりました。イテテロ・クラブの人たちが自分の子どもだけではなくて、地域《ちいき》のために協力《きょうりょく》して動き出したのです。みんなで募金《ぼきん》活動をして、貧《まず》しいおうちの子どもが学校の制服《せいふく》を買うのを助けたり、近所に住むひとり暮《ぐ》らしのおばあさんのおうちのトイレを直したりしました。

なぜおばあさんのためにトイレを直したのかとたずねると、リーダーのエバリストさんはこう言いました。

「『イテテロ』から、ハエがばい菌《きん》を運ぶことを学んだのがきっかけでした。みんなで話し合ううちに、ひとり暮《ぐ》らしのおばあさんが、トイレを直すお金がなくて困《こま》っていると誰《だれ》かが言いました。おばあさんのトイレにハエがたかれば、おばあさんが困《こま》るだけじゃなくて、町内にハエが増《ふ》えてしまいます。ばい菌《きん》が広がってしまうかもしれません。おばあさんのためにトイレを直せば、町内のためになる。だからみんなで力を合わせてトイレを直したのです」

こうして『イテテロ』は家庭の中の親子の関係《かんけい》だけではなくて、ご近所どうしの絆《きずな》も深めていくようになっていきました。

10　テレビに挑戦《ちょうせん》

久《ひさ》しぶりの一時帰国

ラジオ番組『イテテロ』が始まって八か月が経《た》ったころ、私《わたし》は久《ひさ》しぶりに日本に戻《もど》っていました。

ルワンダから日本までの飛行機《ひこうき》の旅は、乗りつぎの時間をふくめて約《やく》二十二時間もかかります。それでも海外で働《はたら》く日本人にとって、休暇《きゅうか》で日本に帰るのは、何よりの楽しみです。日本のご飯《はん》、美しい四季《しき》、湯舟《ゆぶね》でほっとするひととき。家族や仲《なか》の良《よ》いお友達《ともだち》と一緒《いっしょ》に、安心して自分らしくいられる時間。

実は、今回の一時帰国にはもう一つの目的《もくてき》がありました。ルワンダを出発する前に、ルワンダ放送協会《ほうそうきょうかい》のアーサー会長から頼《たの》まれたことがあったのです。

「ラジオ番組を成功《せいこう》させてくれてどうもありがとう。おかげでみんなとても喜《よろこ》んでいるよ。それでお願《ねが》いがあるんだけれど、次は子ども向けのテレビ番組を作ってくれないかな」

テレビ番組を作るには時間もお金もかかります。子どもにとって面白《おもしろ》い番組にするための技術《ぎじゅつ》や経験《けいけん》も必要《ひつよう》です。

どこに行ったらいいアドバイスをもらえるかなぁと調べるうちに、日本放送協会《ほうそうきょうかい》（NHK）の「日本賞《しょう》」をみつけました。

ＮＨＫ「日本賞《しょう》」

ＮＨＫが主催《しゅさい》する「日本賞《しょう》」は、優秀《ゆうしゅう》な教育コンテンツを選《えら》ぶ国際《こくさい》コンクールです。これから作られる番組を対象《たいしょう》とした「企画部門《きかく》」と、すでにできあがった番組などを対象《たいしょう》とする「コンテンツ部門」があり、最《もっと》も優秀《ゆうしゅう》な二つの企画《きかく》と七つのコンテンツに賞《しょう》が贈《おく》られます。

毎年四月から六月に世界中から作品を募集《ぼしゅう》し、いろいろな国にいるメディア関係《かんけい》者《しゃ》が一次審査《しんさ》をします。

企画《きかく》部門の応募者《おうぼしゃ》は、一次審査《しんさ》を通ると、十一月に渋谷《しぶや》のＮＨＫで開かれる最終《さいしゅう》選考会《せんこうかい》に招待《しょうたい》されます。

そして審査員《しんさいん》の前で企画《きかく》を発表して、見事に選《えら》ばれると賞金《しょうきん》が贈《おく》られるのです。賞金《しょうきん》をもらえれば、ルワンダ初《はつ》の子ども向けテレビ番組を作り始めることができます。

また、同時に開催《かいさい》される公開イベントには教育番組を作っている人たちが世界中から集まるので、そこでいいアイディアやアドバイスがもらえそうです。

東京の渋谷《しぶや》にあるNHK「日本賞《しょう》」事務局《じむきょく》を訪問《ほうもん》して資料《しりょう》をもらった私《わたし》は、ついてるぞと小躍《こおど》りしたくなりました。今年のコンクールにまだ応募《おうぼ》することができるのです。

ただし締《し》め切《き》りまであと十四時間しかありません！

私《わたし》は企画《きかく》部門に応募《おうぼ》するため、頭の中でぼんやりと温めていたテレビ番組『イテテロ』の企画《きかく》を大急ぎで書きおこして、応募書類《おうぼしょるい》を作りました。

正直なところ、テレビ番組を作った経験《けいけん》はゼロなので詳《くわ》しいことは書けません。

ただ、ラジオの企画《きかく》をしたときと同じで「これはルワンダの子どもたちに必要《ひつよう》とされている」という思いだけは、しっかりと書いておきました。

下書きした応募書類《おうぼしょるい》はメールでルワンダ放送協会《ほうそうきょうかい》とユニセフ事務所《じむしょ》に送りました。

そして国際《こくさい》電話をかけてアーサーさんに書類《しょるい》を見てもらうように頼《たの》み、なんとか締《し》め切《き》りまでに提出《ていしゅつ》しました。

一次審査《しんさ》を通過《つうか》！

その年の秋、私《わたし》は一通のメールを受け取りました。差出人《さしだしにん》はNHK日本賞事務局《しょうじむきょく》。

メールには英語《えいご》でこう書いてありました。

「このたびは一次審査通過《しんさつうか》、おめでとうございます！　これから日本での最終選考《さいしゅうせんこう》会《かい》に向けて、どうぞよろしくお願《ねが》いいたします」

ルワンダ放送協会《ほうそうきょうかい》の企画《きかく》は、東京で行われる最終選考会《さいしゅうせんこうかい》に招待《しょうたい》されたのです。

やった！　嬉《うれ》しさのあまり、私《わたし》はすぐにルワンダ放送協会《ほうそうきょうかい》に行きました。訪《おとず》れた先はテレビ局長のケネディさんのオフィスです。

「ケネディさん、メール見た？　一次審査《しんさ》を通ったよ！」

「うん。今ちょうど電話しようと思っていたんだ。これは『イテテロ』のテレビ企《き》画《かく》を実現《じつげん》させるチャンスだよ！」

ケネディさんと私《わたし》はさっそく日本賞《しょう》の審査員《しんさいん》の前で発表するための資料《しりょう》を作り始めました。

ルワンダでは紛争《ふんそう》でたくさんの人が亡《な》くなって、童謡《どうよう》や昔話など子どもたちのための文化が失《うしな》われつつあること。幼稚園《ようちえん》に行ける子どもや絵本を買ってもらえる子どもが少なくて、テレビやラジオが子どもたちの教育に大切な役割《やくわり》を果《は》たすこと。

もしも『イテテロ』をテレビで放送《ほうそう》できるようになれば、ラジオでは難《むずか》しかったことができるようになります。

たとえば、耳が聞こえない子どもたちにも『イテテロ』を楽しんでもらうことができるでしょう。テレビ番組を国外のルワンダ人に向けてインターネットで発信《はっしん》すれば、外国で生まれた子どもたちに正しいルワンダ語を教えることもできるようになります。

いざ、最終審査《さいしゅうしんさ》へ

十一月、いよいよ日本で最終審査《さいしゅうしんさ》が行われることになりました。世界中から応募《おうぼ》があった中で、一次審査《しんさ》を通った企画《きかく》は五つだけでした。

コロンビアからはぬいぐるみを使った子ども向けの番組、アフガニスタンからはスキーをとおして自立をめざす女性《じょせい》のドキュメンタリー、バングラデシュの企画《きかく》は十八歳未満《さいみまん》で結婚《けっこん》を強《し》いられる少女たちについて、南アフリカからは人種差別《じんしゅさべつ》と闘《たたか》ったネルソン・マンデラの生涯《しょうがい》をアニメにする企画《きかく》、そしてルワンダが提出《ていしゅつ》したテレビ版《ばん》『イテテロ』の企画《きかく》でした。

最終選考《さいしゅうせんこう》に招《まね》かれた五つの国の発表者たちは、日本賞《しょう》の特典《とくてん》として、NHKの番組制作《せいさく》の専門家《せんもんか》から発表の準備《じゅんび》を指導《しどう》してもらえることになっていました。

私《わたし》はケネディさんよりも二日遅《おく》れで東京に到着《とうちゃく》し、渋谷《しぶや》のNHKふれあいホールに向かいました。

会場で発表資料《しりょう》の準備《じゅんび》をしていたケネディさんは、部屋から出てくると嬉《うれ》しそうに握手《あくしゅ》をしてくれました。

「明子さん、よく来てくれたね」

「今週は忙《いそが》しくなるわよ。なんと、NHKのスタジオ見学もさせてくれるんだって」

「いいね。ところで僕《ぼく》、秋葉原の電気街《でんきがい》に行ってみたいんだ。連《つ》れてってもらえる？」

その日私《わたし》は、南アフリカから来たニックさん、コロンビアから来たマリアさん、それからケネディさんと一緒《いっしょ》に、生まれて初《はじ》めて電気街《でんきがい》を歩きました。

最終審査《さいしゅうしんさ》までの五日間で、発表者たちは、ケネディさんのユーモアたっぷりの人《ひと》柄《がら》のおかげで仲良《なかよ》くなっていました。子どものためのテレビ番組について相談できる仲間《なかま》が世界中にできたのです。

「今までルワンダには、小学生を対象《たいしょう》にした子ども番組はあったけれど、幼児《ようじ》向けのテレビ番組は一つもなかったんだ。でもこれからはやるよ！」

渋谷《しぶや》のスクランブル交差点《こうさてん》が見えるお店で、小魚の唐揚《からあ》げをほおばりながらケネディさんは言いました。小魚の唐揚《からあ》げはルワンダ料理《りょうり》のサンバザに似《に》ていて故郷《こきょう》の味がするので、ケネディさんの好物《こうぶつ》でした。

「いろんなアイディアがわいてきたんだ。子どもたちがたき火を囲《かこ》んでおじいさんから昔話を聞くコーナー、歌のコーナー、それからアニメーションを使ったコーナーもやりたいな。わくわくするね」

すると南アフリカから来たニックさんが言いました。

「アニメーションといえば、僕《ぼく》の会社で『ジャブのジャングル』という番組を作っているんだ。今度送るから見てみてよ。ルワンダで放送《ほうそう》するのもありだよ」

コロンビアから来たマリアさんも、

「子ども番組の話ならいつでも相談に乗るわ。アニメーションだけじゃなくて、子どもは人形劇《にんぎょうげき》も大好《だいす》きよ」

特別ワークショップで、世界中からきた参加者と番組作りのアイディアを交換するようす

私《わたし》は、出てきたアイディアを次々に書《か》き留《と》めて、『イテテロ』のテレビ番組のイメージを頭の中でふくらませていきました。

そしていよいよ結果《けっか》発表の日、私《わたし》は客席《きゃくせき》の後ろのほうに座《すわ》って華《はな》やかに飾《かざ》られた舞台《ぶたい》をあこがれのまなざしで見ていました。まるでハリウッドのアカデミー賞授賞《しょうじゅしょう》式《しき》のようです。

ケネディさんも上等なスーツを着て、自信《じしん》に満《み》ちた笑《え》みを浮《う》かべていました。

「そう、きっと受賞《じゅしょう》できる」

私《わたし》たちは信《しん》じていました。

企画《きかく》部門で賞金《しょうきん》がもらえるのは、二つの企画《きかく》だけです。まず最初《さいしょ》に、アフガニスタンの企画《きかく》が選《えら》ばれました。審査員《しんさいん》からは、

「アフガニスタンに対する悪いイメージを変《か》えたい、この企画《きかく》にはそうした確固《かっこ》たる気持ちが込《こ》められています」

というコメントが添《そ》えられました。

でも私《わたし》の耳にはもう何も聞こえなくて、ただ次の発表にだけ気持ちが集中していました。

もしかして。もしかして……。

でも、最優秀賞《さいゆうしゅうしょう》に選《えら》ばれたのは、バングラデシュの企画《きかく》でした。

「プロデューサーの女性《じょせい》がドキュメンタリーによって、難《むずか》しい社会問題に踏《ふ》み込《こ》もうとする、その熱意《ねつい》に感銘《かんめい》を受けました」

そう話す審査員《しんさいん》のコメントを聞きながら、私《わたし》はふーっと息をはきだしました。

がっかりする気持ちもありましたが、それよりも、一緒《いっしょ》に戦《たたか》ってくれたケネディさんに申《もう》し訳《わけ》ない気持ちがしました。

ケネディさんも同じ気持ちだったのでしょう。授賞式《じゅしょうしき》のあと、まっすぐに私《わたし》のところに来てくれました。

「残念《ざんねん》だったね。でも、僕《ぼく》にとって何が一番残念《ざんねん》だったかというとね、受賞《じゅしょう》のスピーチができなかったことなんだ。僕《ぼく》は受賞《じゅしょう》できると信《しん》じてたから、スピーチを用意しててさ、みんなの前で、明子さんの力強いサポートに感謝《かんしゃ》の言葉を言いたかったんだ。それができなくて、残念《ざんねん》だよ」

さすがだな、と思いました。

ケネディさんは審査《しんさ》の結果《けっか》には文句《もんく》を言わずにさらりと受け入れ、私《わたし》の気持ちを癒《いや》すために感謝《かんしゃ》の言葉を伝《つた》えてくれたのです。

最終審査《さいしゅうしんさ》を一緒《いっしょ》に戦《たたか》って、私《わたし》とケネディさんの距離《きょり》がぐっと縮《ちぢ》まったのが分かりました。

「これなら大丈夫《だいじょうぶ》」

私《わたし》は気持ちが落ち着いてエネルギーがわいてくるのを感じました。信頼《しんらい》できる仲《なか》間《ま》がいれば大丈夫《だいじょうぶ》。資金《しきん》は私《わたし》がみつけてみせる。そしてテレビ番組『イテテロ』を絶対《ぜったい》に作る。

私《わたし》たちは賞金《しょうきん》をもらうことはできませんでした。その代わりにたくさんの思い出とかけがえのない友達《ともだち》を作って、ルワンダに戻《もど》りました。

そして何よりも私《わたし》たちの頭の中には、これから作る番組のためのアイディアがあふれていました。

11　テレビ番組ができるまで

心強い味方

ＮＨＫ「日本賞《しょう》」で浮《う》かんだアイディアが実現《じつげん》したのは、それから一年後のことです。

一年の間に私《わたし》はケネディさんと話し合いを重ね、テレビ番組を作るための資金《しきん》を集めました。そして、番組の作り方を教わるためにアメリカからバーバラ・コラッキさんを招《まね》いて、六日間の研修会《けんしゅうかい》を開きました。バーバラさんは子ども番組の作り方を三十年以上《いじょう》教えているベテランで、『イテテロ』の価値《かち》を誰《だれ》よりも分かってくれる心強い味方でした。

研修会《けんしゅうかい》には、ルワンダ放送協会《ほうそうきょうかい》のアーサー会長や政府《せいふ》の偉《えら》い人も応援《おうえん》に来てくれて、初《はじ》めて子ども向けのテレビ番組が作られることがテレビやラジオやオンラインニュースで話題になりました。

みんなの力を集める

参加者《さんかしゃ》には、『イテテロ』を初《はじ》めから支《ささ》えてくれた三十名のほかに、四十名

大好きな「イテテロ」キャラクターに囲まれて、アメリカから来たバーバラさんと撮った記念写真

の多彩《たさい》なルワンダ人を招待《しょうたい》しました。

アニメーション学校の生徒《せいと》、映画監督《えいがかんとく》、絵描《えか》きのルパートさん、ポップ歌手のピース・ジョリーさん、テレビやラジオの制作《せいさく》会社、演劇集団《えんげきしゅうだん》、テレビの司会者《しかいしゃ》。いろんな才能《さいのう》をもつ人たちが新しく仲間《なかま》になることで、『イテテロ』がもっともっと面白《おもしろ》くなる予感がしました。

障害《しょうがい》のある子どもたちも招《まね》いていました。この本の最初《さいしょ》に登場した目が見えないダマシエンくん、同じく目が見えないエマちゃん。耳が聞こえないアタナーズくんと手話通訳《つうやく》の方々。

すべての子どもたちにハッピーになってもらえる番組を作りたい。そのためには障害《しょうがい》のある子どもたちにも参加《さんか》してもらおう、そう考えたのです。

約《やく》七十名の参加者《さんかしゃ》はお互《たが》いに初《はじ》めて会う人ばかりです。照《て》れくさそうな自己紹介《じこしょうかい》が終わると、さっそくバーバラさんの授業《じゅぎょう》が始まりました。世界中の素晴《すば》らしい子ども番組をたくさん見て学んだあとは、いよいよ別々《べつべつ》の班《はん》に分かれて番組作りに挑戦《ちょうせん》です。

一班《ぱん》と二班《はん》はアニメーションの制作《せいさく》に取り組みました。ルワンダで大切にされている野生のマウンテンゴリラを主人公にした一分間のアニメーション映像《えいぞう》はみんなから大人気でした。

三班《はん》と四班《はん》は障害《しょうがい》のある子どもが主人公の番組を作りました。一つは目が見えないエマちゃんがほかの子どもにビーズの腕輪《うでわ》の作り方を教える番組、もう一つは歌手のピース・ジョリーさんが耳の聞こえないアタナーズくんと手話で歌う番組です。

ルパートさんが描いたマウンテンゴリラのイラストがアニメになって動き出し、太鼓をたたきます

小さな子どもたちにビーズの腕輪の作り方を教えるエマちゃん。みんな上手に作れました

ドキドキする気持ち

研修《けんしゅう》は大成功《だいせいこう》でした。ルワンダで初《はじ》めての子ども番組に挑戦《ちょうせん》して、見事に作品を作れたことが、みんな誇《ほこ》らしくて嬉《うれ》しくて、閉会式《へいかいしき》は感動に包《つつ》まれました。参加者《さんかしゃ》がひとりひとり手を挙《あ》げて、お互《たが》いの作品をほめあいました。

あるラジオ脚本家《きゃくほんか》が言いました。

「大人になると新しいことに挑戦《ちょうせん》する機会《きかい》がないものです。私《わたし》は十五年間、ラジオの仕事をしてきたけれど、今回、初《はじ》めてテレビに挑戦《ちょうせん》してドキドキしました。そしていっぱいドキドキした分、すごく達成感《たっせいかん》がありました」

歌手のピース・ジョリーさんは輝《かがや》くような笑顔《えがお》で「人生が変《か》わった」と言いました。

「僕《ぼく》は、子どもたちのために歌う喜《よろこ》びを知りました。僕《ぼく》はまだ結婚《けっこん》していないけれど、いつかお父さんになって自分の子どものために歌ってあげるのが楽しみです。それまで、僕《ぼく》はルワンダのすべての子どものために歌いたいと思います。これから子どもの歌をたくさん作ります」

ダマシエンくんのお母さんも来ていました。

「ダマシエンは目が見えないと分かったとき、私《わたし》はこの子に何でもチャレンジさせてあげようと思いました。でも学校にまで行けるとは思わなかった。『イテテロ』のおかげで、学校に行くようになったし、テレビの経験《けいけん》もさせることができて本当に幸せです。障害《しょうがい》があってもほかの子と同じように人生にチャレンジしていけるんだということを、この番組を見た人は分かると思います」

最後《さいご》に私《わたし》は短いスピーチをしました。

「バーバラさんの授業《じゅぎょう》のおかげで、私《わたし》は、自分とは経験《けいけん》や専門《せんもん》が違《ちが》う人と一緒《いっしょ》にものを作ることの楽しさを知りました。みなさんも、お互《たが》いに教え合って、みんなで新しいことに挑戦《ちょうせん》すると、面白《おもしろ》いことができると気づいたのではないでしょうか」

会場にいた全員が深くうなずくのが感じられました。

閉会《へいかい》のあいさつが終わると、ケネディさんが握手《あくしゅ》を求《もと》めてきました。

「たった一週間の研修《けんしゅう》でこんなに質《しつ》の高い作品が作れるなんて、驚《おどろ》いたよ。さっそく『イテテロ』のテレビ番組に使わせてもらうね。それから、子ども番組を制作《せいさく》するためのスタジオを作って、この調子でもっと面白《おもしろ》いものを作っていこう」

その後、この研修会《けんしゅうかい》に参加《さんか》した人たちが中心となって『イテテロ』のテレビ番組が作られました。バーバラさんはアメリカに帰ったあともアドバイスをくれて、良《よ》い番組になるように力を貸《か》してくれました。

こうして『イテテロ』は、インターネット配信《はいしん》を通じて世界中のルワンダ人の子どもたちが見られる番組になりました。

12　私《わたし》がルワンダを去っても

仕事の本当の価値《かち》

ユニセフで働《はたら》く私《わたし》たちは、一つの国で二年から五年くらい仕事をして、次の国に赴任《ふにん》します。かぎられた時間の中でその国のために自分ができることを考え、力を出し切ることが大切です。

ルワンダではたくさんの良《よ》い出会いに恵《めぐ》まれたので、私《わたし》は『イテテロ』という大きな仕事を成功《せいこう》させることができました。

私《わたし》たちの仕事の本当の価値《かち》は、実は私《わたし》たちがその国を去ったあとに分かります。

どういうことかというと、外国人である私《わたし》たちの役割《やくわり》は、その国を良《よ》くするためのいいアイディアをもち込《こ》んで形にすること、そしてその国の人たちが自分たちの力で引《ひ》き継《つ》いでいけるように教えてあげるところまでです。よく考え抜《ぬ》かれて、仲間《なかま》やファンがたくさんいるアイディアだけが、その人が去ってからも続《つづ》き、さらに発展《はってん》して、長い間、その国のために貢献《こうけん》することができるのです。

イケア財団《ざいだん》の訪問《ほうもん》

いいアイディアを形にすること、そして続《つづ》けていくこと、どちらにもお金がかかります。ですからお金を出してくれるドナーをみつけることも私《わたし》の重要《じゅうよう》な仕事の一つでした。

『イテテロ』を立ち上げたときには、イケア財団《ざいだん》に資金《しきん》を出してもらうことができました。イケア財団《ざいだん》はデザイン家具で有名なＩＫＥＡの慈善団体《じぜんだんたい》です。

あるとき、イケア財団《ざいだん》からお客さんが来ることになりました。『イテテロ』がどのように運営《うんえい》されて、子どもたちに届《とど》いているかを見学に来るというのです。これはチャンスだと思いました。『イテテロ』がどれだけルワンダの人々に愛《あい》されているかが伝《つた》われば、この先、長く協力《きょうりょく》してもらえるかもしれません。

さっそくアルドさんに相談すると、次の土曜日にプロデューサーや演技指導《えんぎしどう》のスタッフ、それに声優《せいゆう》の子どもたちを集めてくれることになりました。

子どもたちの証言《しょうげん》

土曜日はラジオ番組『イテテロ』の収録《しゅうろく》日です。収録《しゅうろく》が終わった子どもたちがスタジオから出てくるのを待って、会議室《かいぎしつ》に集まってもらいました。イケア財団《ざいだん》から来た二人は子どもが大《だい》好《す》きで、子どもたちに囲《かこ》まれるだけで嬉《うれ》しそうです。

「みなさんは『イテテロ』のお仕事をとおして、どんな経験《けいけん》をしましたか」

質問《しつもん》すると、さっそくライオンの声優《せいゆう》をして

「イテテロ」の制作現場を見るためにイケア財団から来たお客さんと、収録を終えたばかりの子どもたち

いる男の子が答えます。

「『イテテロ』が放送《ほうそう》されると、小学校のお友達《ともだち》が上手だったよとほめてくれて嬉《うれ》しいです」

ウサギの声優《せいゆう》をしている女の子も手を挙《あ》げました。

「雨が多くて蚊《か》が増《ふ》える時期なので、この前の放送《ほうそう》では、マラリアを予防《よぼう》するために蚊帳《かや》の中で寝《ね》ましょうと呼《よ》びかけました。みんなの役に立つ情報《じょうほう》を教えてあげることでマラリアを撃退《げきたい》できることが誇《ほこ》らしいです」

二人とも自分の果《は》たす役割《やくわり》をしっかりと理解《りかい》してくれているのが分かりました。

平日は学校に通って土曜日はスタジオで収録《しゅうろく》するのですから忙《いそが》しくてたいへんだという声も聞かれるかと思いましたが、みんな声をそろえて、楽しい、誇《ほこ》らしいと言ってくれます。

最後《さいご》に、子どもたちを見守ってきたラジオ局の女性《じょせい》が口を開きました。

「この番組が始まってから、子どもたちはずいぶん成長《せいちょう》しました。声優《せいゆう》としての演《えん》技力《ぎりょく》も上がりましたし、自分の役割《やくわり》をしっかり果《は》たそうという責任感《せきにんかん》が育ちました。学校のクラスでお友達《ともだち》から尊敬《そんけい》されて学級委員に選《えら》ばれた子もいます」

ルワンダ放送協会《ほうそうきょうかい》の約束《やくそく》

子どもたちと話したあとは、ルワンダ放送協会《ほうそうきょうかい》のアーサー会長に会いに行きました。アーサーさんは、ジーンズにシャツという普段着《ふだんぎ》で現《あらわ》れると、みんなに座《すわ》るようにすすめました。会長室の黒いソファはふかふかです。

「僕《ぼく》は、『イテテロ』は素晴《すば》らしい番組だと思います。テレビ局やラジオ局はほかにもあるけれど、ルワンダ放送協会《ほうそうきょうかい》は公共放送《こうきょうほうそう》だから、人々の役に立たなければいけない。子どもたちが楽しみながら正しい知識《ちしき》を身に着けてくれる番組は、まさに私《わたし》たちがやるべき仕事です。

イケア財団《ざいだん》がこれからもお金を出してくれるなら、ルワンダ放送協会《ほうそうきょうかい》は最《もっと》も視聴者《しちょうしゃ》が多い時《じ》間帯《かんたい》に無料《むりょう》で放送《ほうそう》することをお約束《やくそく》します」

放送《ほうそう》局にとって、放送《ほうそう》時間を提供《ていきょう》して受け取る放送料金《ほうそうりょうきん》は大切な収入源《しゅうにゅうげん》です。それなのに『イテテロ』だけはこれからも無料《むりょう》で放送《ほうそう》してくれるという太《ふと》っ腹《ぱら》な申し出に感動したのは、私《わたし》だけではなかったようです。イケア財団《ざいだん》の支援《しえん》は二〇二〇年まで続《つづ》けてもらえることになりました。

ルワンダ放送協会の会長室で「イテテロ」の良さをアピール。資金を獲得するのも私たちの仕事です

これで私《わたし》がルワンダを去っても、『イテテロ』が続《つづ》いていくめどが立ちました。

エピローグ

二〇一八年の冬、五年間の勤務《きんむ》を終えて、いよいよ私《わたし》がルワンダを去る日が近づいていました。私《わたし》は病院の待合室にいました。次の国に行く前に予防接種《よぼうせっしゅ》を受けるためです。

よく晴れて、気持ちのいい日でした。私《わたし》は窓《まど》の外を流れる雲やきらきら光る木々の葉を見つめながら、ぼんやりと隣《となり》に座《すわ》っているルワンダ人の親子の声を聞いていました。

するとルワンダ人のそのお父さんが、ズボンのポケットから携帯《けいたい》電話を取り出して音楽を流し始めました。

「バイバイ、わにさん♪」

流れてきた曲を聞いて、私《わたし》は嬉《うれ》しくて叫《さけ》びたくなってしまいました。それはモーリックスさんと一緒《いっしょ》に作った『イテテロ』の曲だったのです！

お医者さんを待つ間、待合室で子どもが楽しく過《す》ごせるようにと、そのお父さんは『イテテロ』の曲を携帯《けいたい》にダウンロードしていたのでした。

私《わたし》は嬉《うれ》しさに圧倒《あっとう》されそうで、思わず目を閉《と》じて深呼吸《しんこきゅう》をしてから、曲に合わせて小声で歌いました。五年間、いい仕事をしようと張《は》りつめていた心がほぐれていくのが分かりました。

子どもには、子どものための歌やお話が必要《ひつよう》だ。そう考えて、チーム『イテテロ』

は立ち上がったのでした。

大人のまねをして背伸《せの》びをする前に、子どもたちにはまずは正しい言葉や優《やさ》しい言葉を覚《おぼ》えてほしい。人に優《やさ》しくする方法《ほうほう》を身に着けるのに早すぎることはない。

『イテテロ』に込《こ》めた私《わたし》たちの願《ねが》いが、この病院で出会った見知らぬ親子にたしかに届《とど》いているのを感じました。


「私《わたし》の役割《やくわり》は果《は》たしたから、あとは頼《たの》んだよ」

私《わたし》は、『イテテロ』をとおして出会ったひとりひとりの顔を思《おも》い浮《う》かべました。

無口《むくち》だけれど頼《たよ》りになるアルドさん。

冗談《じょうだん》ばかり言っているけれど、思いやりにあふれたケネディさん。

毎週、必《かなら》ず番組を仕上げてくれたプロデューサーのクリスティーヌさん。

スタジオで、私《わたし》になついて抱《だ》きついてくれた声優《せいゆう》の子どもたち。

『イテテロ』の収録《しゅうろく》で、いつも子どもたちを指導《しどう》してくれたギテファノさん。

明るくて行動力があるダマシエンくん。


フィンランドから来たエイヤさんとスサンナさんは、『イテテロ』のテーマソングを作り、子どもたちの歌う才能《さいのう》を引き出してくれました。

モーリックスさんは、ルワンダで歌《うた》い継《つ》がれてきた童謡《どうよう》を録音《ろくおん》して文化を保存《ほぞん》してくれました。有名アーティストとのコラボが実現《じつげん》したのも彼《かれ》のおかげです。

そしてピース・ジョリーさんはルワンダで初《はじ》めての「子どもたちの歌のお兄さん」といってもいい存在《そんざい》です。大きくなったら何になりたい？　子どもたちの将来《しょうらい》につながる、そんな問いかけを、優《やさ》しいメロディにのせて届《とど》けてくれました。

子どもたちをあたたかく包《つつ》んで、はぐくむような、優《やさ》しい言葉を全国に届《とど》けたい。

ルワンダ放送協会でお世話になったアーサー会長(中央)、ケネディさん(向かって右)、アルドさん(左)

ルワンダを去る日、ユニセフの同僚からルワンダの伝統的な壁かけ「イミゴンゴ」をもらいました

私《わたし》はそう夢見《ゆめみ》ながら、五年間働《はたら》いてきました。

正直なところ、仕事をしながら夢《ゆめ》をもち続《つづ》けるのはしんどいこともあります。まだ目の前にないものを作るときは、まわりの人に理解《りかい》してもらえないかもしれません。

でも、夢《ゆめ》がある人がみんなよりたいへんなのはしょうがないんです。だって夢《ゆめ》がかなったときに、それはそれはすてきな瞬間《しゅんかん》が待っているのだもの。夢《ゆめ》が国境《こっきょう》を越《こ》えて仲間《なかま》が増《ふ》えていく感触《かんしょく》、そして一緒《いっしょ》に努力《どりょく》するときのドキドキする気持ち。

いろいろあったけれど、ルワンダでの五年間は楽しかったし、私《わたし》を成長《せいちょう》させてくれました。

『イテテロ』のきらきら輝《かがや》く思い出が、この先どこの国に行っても人を信《しん》じて、夢《ゆめ》に向かって前に進む力を与《あた》えてくれますように。

注1　本書の内容《ないよう》は著者《ちょしゃ》の個人的《こじんてき》な見解《けんかい》であり所属《しょぞく》する組織《そしき》の公式見解《けんかい》ではありません。

注2　障害《しょうがい》の表記については害《がい》の文字にマイナスのイメージがあることから「障《しょう》がい」と表記することがありますが、本書では「障害《しょうがい》」としました。それは、二〇〇六年に国連総会《そうかい》で採択《さいたく》された「障害者《しょうがいしゃ》の権利《けんり》に関する条約《じょうやく》」により、障害《しょうがい》のある個《こ》人《じん》がほかの人と同じように社会参加できないのは、環境《かんきょう》や社会による障壁《しょうへき》のためだという考えが示《しめ》されたからです。障壁《しょうへき》を取《と》り除《のぞ》くのは社会の責務《せきむ》であり、「障害《しょうがい》」について共に考えていきたいと思いました。

（著者）

著者あとがき

ルワンダで働《はたら》いているときに、私《わたし》が何度も読み返した本が三冊《さつ》あります。

緒方貞子著《おがたさだこちょ》『私《わたし》の仕事――国連難民《なんみん》高等弁務官《べんむかん》の十年と平和の構築《こうちく》』
中村哲著《なかむらてつちょ》『アフガニスタンで考える――国際貢献《こくさいこうけん》と憲法《けんぽう》九条《じょう》』
服部正也著《はっとりまさやちょ》『ルワンダ中央銀行総裁《そうさい》日記』

これらの本から、海外で働《はたら》いた先輩《せんぱい》たちがどんなお仕事をして、どんなことを考えて、どんな姿勢《しせい》で難《むずか》しい状況《じょうきょう》を乗《の》り越《こ》えたのかということを私《わたし》は学びました。

本書を読んだ方々が、平和のために働《はたら》く人がいて、そこではこんな風に物事が進んだり、みんなで乗《の》り越《こ》えたりするんだ、そして世の中に優《やさ》しい言葉が増《ふ》えたり希望が生まれたりするんだということを感じていただければとても嬉《うれ》しく思います。

この本の出版《しゅっぱん》にあたり、ルワンダ放送協会の方々をはじめとして関係者の皆様《みなさま》にご協力をいただきました。ありがとうございました。

原稿《げんこう》を読んで、感想をよせてくださった橋本純子さん、葵さん、開くん、匠くん、渡辺紗永さん。NHK日本賞に参加したご縁《えん》でサポートしてくださった小泉世津子さんと吉田由貴さん。あとがきを書いてくださった赤川次郎さん。本の題名を一緒に考えてくれた松﨑充克さん。そして私《わたし》が伝えたい言葉をみつけるまでじっくり見守ってくださった汐文社の三浦玲香さんに、心よりお礼を申し上げます。

最後に、いつも私の生き方を応援してくれる家族へ。どうもありがとう。

二〇二〇年一月

榮《さかえ》谷《だに》明《あき》子《こ》

「明日に生きる」——あとがきに代えて

赤川次郎（作家）

「大学の課題」として私《わたし》にインタビューに来たその女の子は、真直《まっす》ぐに目を見て話す、しっかりした印象でした。質問《しつもん》もはっきりポイントをつかんでいて、私《わたし》は「この子はどんな大人になって、どういう仕事をするんだろう」と考えていました。

そして二十年たった今、その榮谷明子さんの初めての著書《ちょしょ》に「あとがき」を書くことになったとは、本当に人のつながりはふしぎなものです。

この本を読んで、私《わたし》が何より嬉《うれ》しいのは、明子さんが早くから「生きる目標」を持ち、それを実現《じつげん》すべく、二十年の間努力し、成長して来たことが伝わってくるからです（トシだけとっても、ちっとも中身が成長しない人はいくらもいます）。

ルワンダと聞いても、私《わたし》もアフリカのどこか、としか知りませんでしたが、明子さんはその国で、子供《こども》たちのためのラジオ番組を立ち上げたのです。それがどんなに大変なことだったか。

考えてみて下さい。日本語の全く通じない、生活の習慣《しゅうかん》も考え方もまるで違《ちが》う人たちと一緒《いっしょ》になって、ラジオ番組を作る。この本には触《ふ》れられていない、数え切れないほどの難《むずか》しい壁《かべ》に、何度もぶつかったはずです。

でも、一つ一つ、その壁《かべ》をのり越《こ》えて、ついに子供《こども》のための、お話と歌の番組「イテテロ」がスタートします。

この本のラスト。ルワンダから他の国へ発《た》つための予防接種《よぼうせっしゅ》に行った病院で、思いがけず「イテテロ」の歌が現地《げんち》の人の携帯《けいたい》電話から流れて来るのを聞いた明子さんの嬉《うれ》しさはどれほどだったでしょう。

この場面で、私《わたし》は思わず涙《なみだ》ぐんでしまいました。でも、これは明子さんの人生の一つのステップに過《す》ぎないのです。絶《た》えず、明日へ。明子さんの確《たし》かな歩みを、私《わたし》もできる限《かぎ》り応援《おうえん》していきたいと思っています。

ウェブサイトで楽しむ イテテロ

イテテロを見てみたい、イテテロの曲を聞いてみたい！
という人のために、本の中に出てきた歌や動画の
ウェブサイトを集めてみました。

「8 歌ってみよう」に出てきた歌

シャーリー&ニーナさんの
「子どもと小鳥」 歌と動画
https://www.youtube.com/watch?v=brpHTTE5_DI&t=23s

ライダーマンさんの
「跳んでみよう」 音声のみ
https://www.youtube.com/watch?v=hB92Ui11udM

「イテテロ歌集」 音声のみ
https://www.youtube.com/watch?v=gbCignJQ-ms&list=PLYaKipQFMMmskMiqbiVOef-D1e3NF7x6F

※ウェブサイトのアドレスやQRコードは、2020年5月のものです。

「11 テレビ番組ができるまで」の
バーバラさんの研修からできた番組

マウンテンゴリラを主人公にしたアニメーション

Fora ni iki?
Guess what this is?

https://www.youtube.com/watch?v=bcCa54VSl4U&t=1s

目が見えないエマちゃんが
ほかの子どもにビーズの腕輪の作り方を教えます

Emma: A message on inclusiveness

https://www.youtube.com/watch?v=Hu2kcypjmLU

耳が聞こえないアタナーズくんが
歌手のピース・ジョリーさんと手話で歌います

Imana ni Nziza
God is Good

https://www.youtube.com/watch?v=8RRtqu-6a_4&t=7s

「エピローグ」に出てきた歌

モーリックスさんが子どもと歌う

「バイバイ、わにさん」 音声のみ

https://www.youtube.com/watch?v=hE4qO8fLUFg

これまでに放映された
イテテロTV

https://www.youtube.com/channel/
UCwfyXPp7dGKxTHA--opHLyw

カバー表1、本文扉写真
©UNICEF/UN0300023/Mugwiza

カバー表4写真
写真　**田中卓二**
2014年5月、ルワンダ・ギシュワティの森にて

カバー・本文イラスト
上杉久代

デザイン
西村弘美

榮谷 明子（さかえだに・あきこ）
1978年、東京都生まれ。東京大学教養学部で文化人類学を学び、交換留学先のミシガン大学で医療人類学を知る。外資系銀行勤務を経て、アメリカで異文化コミュニケーション修士号取得。2004年、ユニセフ職員としてセルビア・モンテネグロ（当時）に赴任。2006年より東欧・中央アジア地域で鳥インフルエンザのリスクコミュニケーションを担当。2008年、出産を機に在セルビア日本国大使館に転職。2010年よりユニセフ・ニューヨーク本部で子どもとコミュニケーションに関する出版物の編集に携わる。ロンドン大学公衆衛生学修士号取得。2013年から18年までユニセフ・ルワンダ事務所に赴任し、感染症のリスクコミュニケーションやコミュニケーション戦略の策定を担当する傍ら、ルワンダ初の子ども向けラジオ番組を立ち上げた。2019年よりエジプト・日本教育パートナーシップ人材育成事業共同議長。
共著に『二十歳のころ――立花ゼミ『調べて書く』共同製作』（1998年、新潮社）がある。本書『希望、きこえる？』は単独で執筆したはじめての著書である。

希望《きぼう》、きこえる？
ルワンダのラジオに子《こ》どもの歌《うた》が流《なが》れた日《ひ》

2020年６月　初版第１刷発行
2023年12月　初版第３刷発行

著　者　榮谷明子

発行者　三谷 光
発行所　株式会社 汐文社
東京都千代田区富士見1-6-1
富士見ビル1F　〒102-0071
電話：03-6862-5200　FAX：03-6862-5202
印　刷　新星社西川印刷株式会社
製　本　東京美術紙工協業組合

ISBN978-4-8113-2745-7

乱丁・落丁本はお取り替えいたします。
ご意見・ご感想を read@choubunsha.com までお寄せください。